Fortpflanzung

Unter Fortpflanzung versteht man in der Biologie die Erzeugung von Nachkommen. Wenn diese aus Geschlechtszellen entstehen, spricht man von geschlechtlicher oder sexueller Fortpflanzung.

Diese Form der Fortpflanzung tritt auch beim Regenwurm auf. Allerdings sind Regenwürmer Zwitter, d. h. jeder Wurm bildet sowohl Spermien als auch Eizellen aus. Da sie sich nicht selbst befruchten können, paaren sie sich (A). Hierbei tauschen sie Spermien aus, die in Samentaschen gespeichert werden. Sobald in jedem Tier die Eizellen reif sind, wird von hellgelben, verdickten Segmenten im vorderen Körperdrittel eine Schleimhülle produziert. In diesen Gürtel werden die Eier abgelegt. Während der Wurm sich rückwärts aus der Schleimhülle herauswindet, befruchten die gespeicherten Spermien die Eizellen.

Die an der Luft erhärtende Schleimhülle nimmt eine zitronenähnliche Form an, sie wird Kokon genannt. Aus ihm schlüpft nach wenigen Wochen ein junger Regenwurm (B).

Wechselwirkung

Zwischen den Lebewesen und ihrer Umwelt bestehen vielfältige Wechselwirkungen. Im Wald und im See sind zum Beispiel alle Organismen über Nahrungsbeziehungen verknüpft. Dabei stehen grüne Pflanzen am Anfang aller Nahrungsketten. Sie bauen pflanzliche Biomasse auf und setzen Sauerstoff frei. Beides wird später von den Verbrauchern genutzt. Je vielfältiger der „Speisezettel" eines Tieres ist, umso mehr Wechselwirkungen ergeben sich zu den anderen Lebewesen. Gelbrandkäfer fressen zum Beispiel Mücken- und Libellenlarven. Diese werden jedoch auch vom Rotauge gefressen.

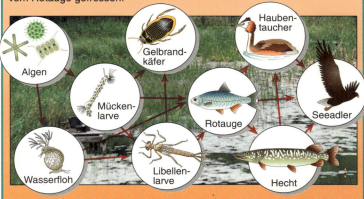

Algen · Gelbrandkäfer · Haubentaucher · Mückenlarve · Rotauge · Seeadler · Wasserfloh · Libellenlarve · Hecht

Information

Im Tierreich werden ständig Informationen zwischen den einzelnen Lebewesen ausgetauscht. Dabei sendet ein Tier eine Nachricht, die der Artgenosse empfängt und entschlüsselt. Diese Informationen enthalten z. B. Angaben über Nahrung, Rivalen, Reviere oder Feinde. Die dabei eingesetzten Signale sind ganz vielfältig. So können Farben, Duftstoffe, Laute oder auch Tänze Informationen verschlüsseln. Honigbienen verständigen sich zum Beispiel durch einen Schwänzeltanz (A) über die Lage eines Futterplatzes (B).

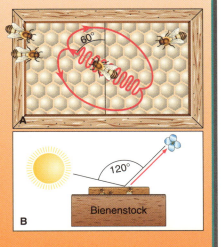

Bienenstock

Antje Starke

ERLEBNIS Biologie 6

Ein Lehr- und Arbeitsbuch

Sachsen Klasse 6

Schroedel

ERLEBNIS Biologie 6

Herausgegeben und bearbeitet von
Antje Starke

Beratung
Mike Leupold

unter Mitarbeit von
Jörg Ahrens, Konrad Bauerle, Gerd-Peter Becker, Hans Günther Beuck, Joachim Boesenthal, Kerstin Brausewetter, Günter Brossette, Tanja Bühler, Karl Burghardt, Stefanie Burghardt, H. Michael Carl, Dieter Cieplik, Michael Dahl, Joachim Dobers, Eva Döhring, Axel Engelhardt, Hartmut Eulner, Imme Freundner-Huneke, Georg M. Fruck, Bernd Ganster, Willi Gouasé, Dr. Erwin Graf, Prof. Hans Hagenmaier, Gitta Hagmeier, Wolfgang Hahn, Irmgard Hangebrauck, Stefan Hochgreve, Peter Hoff, Gero Holl, Heinrich Joußen, Ute Jung, Dr. Wolfgang Jungbauer, Michael Kampf, Dr. Harald Kähler, Manfred Kaufmann, Dieter Keller, Marietta Keller, Horst-Dietmar Kirks, Martina Kittelmann, Fritz Klöckner, Uwe Kombartzky, Hans-Peter Konopka, Sebastian Körnig, Axel Knippenberg, Silke Kraft, Stefan Kratsch, Hauke Kruse, Ernst-August Kuhlmann, Dr. Jochen Kuhn, Fritz Lepold, Gisela Lloréns, Alexandra Luib, Dr. Gabriele Mai, Dr. Wolfgang Martin-Beyer, Erhard Mathias, Dagmar Mehliß, Rainer Mennenga, Hana Meuer, Ralph Möllers, Christel Mysliworski, Sabine Nelke, Uta Nintemann, Markus Nutz, Dr. Andreas Paul, Sigrid Pankow, Gustav Pekarsky, Eckhard Philipp, Ulrike Preuß, Anja Priewe, Günter Rabisch, Christoph Randler, Dr. Michael Reck, Andreas Reichenbach, Sonja Riedel, Jürgen Sautter, Volkmar Schellhardt, Ursula Schmidt, Joachim Schmidt, Monika Semrau, Barbara Spies, Albert Steinkamp, Rüdiger Stelling, Dr. Beatrix Stephan-Brameyer, Hans Tegen, Anja Thesing, Dr. Frank Thomas, Reiner Wagner, Prof. Dr. Wilhelm Weber, Rolf Wellinghorst, Christian Wendel, Reinhard Wendt-Eberhöfer, Erwin Werthebach, Eveline Wurm, Annely Zeeb

und der Verlagsredaktion

Illustrationen:

Brigitte Karnath	Karin Mall	Kerstin Ploß	Werner Wildermuth
Liselotte Lüddecke	Tom Menzel	Barbara Schneider	
Langner & Partner	Heike Möller	Ingrid Schobel	

Grundlayout und Pinnwände:
Atelier *tiger*color Tom Menzel

Umschlaggestaltung:
Cordula Hofmann

ISBN 3-507-77000-8

© 2005 Bildungshaus Schulbuchverlage
    Westermann Schroedel Diesterweg Schöningh Winklers GmbH, Braunschweig
    www.schroedel.de

Druck A [1] / Jahr 2005

Alle Drucke der Serie A sind im Unterricht parallel verwendbar.

Satz: Stürtz GmbH, Würzburg
Druck und Bindung: westermann druck GmbH, Braunschweig

Inhaltsverzeichnis

Hier findest du grundlegende biologische und fächerübergreifende Arbeitstechniken, die dir helfen, naturwissenschaftliche Themen zu verstehen und zu bearbeiten.

Hier findest du zusätzlich Bilder und Informationen zum jeweiligen Thema und Aufgaben, die du selbstständig bearbeiten und lösen kannst. So kannst du beispielsweise deine Artenkenntnisse verbessern.

Im Streifzug wird fächerübergreifend gearbeitet. Hier werden biologische Themen durch Informationen aus der Physik, Medizin, Erdkunde und Geschichte sowie aus anderen Fächern ergänzt.

Hier findest du Experimente, Aufgaben und Bauanleitungen, die du selbstständig oder mit deinen Mitschülerinnen und Mitschülern ausführen kannst.

Hier findest du Themen zu Projekten. Ein Projektthema wird in mehrere Aufträge unterteilt. Eine Gruppe bearbeitet jeweils einen Auftrag. Am Ende stellt jede Gruppe ihre Ergebnisse vor.

Hier findest du vielfältige Aufgaben zum Wiederholen und Vertiefen der Inhalte des Kapitels.

Methode

Pinnwand

Streifzug durch die ...

Übung

Projekt

Prüfe dein Wissen

Pflanzenfamilien

*1 **Gefleckte Taubnessel. A** Standort; **B** Erdspross mit Einzelpflanze: ① Blüte, ② Blatt, ③ Sprossachse, ④ Erdspross, ⑤ Wurzeln*

1 Die Familie der Lippenblütengewächse

1.1 Merkmale der Lippenblütengewächse

Eine Ameise läuft über den Erdboden, steuert direkt eine Gruppe Gefleckter Taubnesseln an und beginnt zu suchen. Kurz darauf hat sie einen Samen mit kleinem weißen Anhängsel entdeckt. Sie nimmt diesen Samen und schleppt ihn davon. Das Anhängsel wird die Ameise später fressen. Es enthält Eiweißstoffe und Fett. Der Samen selbst wird irgendwo liegengelassen. Die Gefleckte Taubnessel ist also eine Pflanze, deren Samen durch Ameisen verbreitet werden.

Pflanzen, die Blüten aufweisen, aus denen sich Samen bilden, heißen Blüten- oder **Samenpflanzen.** Bis heute wurden etwa 250 000 verschiedene Arten von Samenpflanzen beschrieben. Alle Samenpflanzen haben einen gemeinsamen Bauplan, der am Beispiel der Gefleckten Taubnessel gut zu erkennen ist.

Die unterirdischen **Wurzeln** sind verzweigt und geben der Pflanze Halt. Sie dienen außerdem der Aufnahme von Wasser mit den Nährsalzen. Bei vielen Samenpflanzen kann man eine dickere *Hauptwurzel* und dünnere *Seitenwurzeln* unterscheiden.

Der oberirdische vierkantige Stängel, die **Sprossachse**, trägt die Laubblätter und Blüten. Stängel und Blätter bilden gemeinsam den **Spross.** Der Stängel ist hohl. Die Sprossachse verläuft bei der Gefleckten Taubnessel zum Teil unterirdisch. Man spricht dann von einem *Erdspross.*

6

Die Gestalt der **Laubblätter** ähnelt Brennnesselblättern. Am Stängel sind die Blätter bei der Gefleckten Taubnessel kreuzweise gegenständig angeordnet. Sie besitzen jedoch keine Brennhaare und sind harmlos. Taubnesselarten täuschen so ihre Fressfeinde wie Wildkaninchen.

Eine **Blüte** besteht aus Blättern, die der Fortpflanzung dienen. Man unterscheidet von außen nach innen *Kelchblätter, Kronblätter, Staubblätter* und die *Fruchtblätter*. Besonders gut kann man diese Anordnung der einzelnen Blütenteile erkennen, wenn man eine geschlossene Blüte etwa in der Mitte quer durchschneidet und daraus ein Blütendiagramm erstellt. In den Abbildungen 2A und 2B sind die verschiedenen Blütenteile zusätzlich durch verschiedenen Farben gekennzeichnet.

Bei der Gefleckten Taubnessel sind fünf Kelchblätter miteinander verwachsen. Von den darauf folgenden fünf Kronblättern, die ebenfalls verwachsen sind, bilden zwei die Oberlippe und drei die Unterlippe. Aufgrund dieser Form und Unterteilung der Blütenkronblätter bezeichnet man die Pflanzenfamilie als **Lippenblütengewächse**.

Ober- und Unterlippe bilden im unteren Teil der Blüte eine Röhre. In ihrem Inneren sieht man die Staubblätter. Im Falle der Gefleckten Taubnessel sind es zwei kürzere und zwei längere Staubblätter, die mit den Kronblättern verwachsen sind. Am Grunde der Blütenröhre liegt der viergeteilte Fruchtknoten, dem ein langer Griffel entspringt. Nach der Bestäubung der Blüte durch *Hummeln* entwickeln sich im Fruchtknoten die **Samen**.

Die oben beschrieben Blütenform und ein vierkantiger Stängel sowie gegenständige Blätter sind typische Merkmale vieler Mitglieder der **Familie** der **Lippenblütengewächse.** Diese Mitglieder werden als **Arten** bezeichnet, die sich durch unterschiedlich ausgebildete Merkmale von anderen Arten innerhalb derselben Familie bzw. von anderen Pflanzenfamilien unterscheiden.

Zur Bestimmung einer Pflanzenfamilie bzw. einer Art verwendet man ein Bestimmungsbuch. Dieses enthält einen *Bestimmungsschlüssel*, der Abbildungen und Beschreibungen von Pflanzenmerkmalen enthält. Im Zuge des Bestimmungsgangs werden Schritt für Schritt meist zwei unterschiedliche Merkmale (zum Beispiel Blütenfarbe blau oder rot) zur Auswahl gestellt, die mit der Pflanze verglichen werden. Man entscheidet sich für das Merkmal und notiert die entsprechende Ziffer (zum Beispiel 1 oder 1*). Ein solcher Bestimmungsschlüssel wird als **dichotom** bezeichnet. Der Auswahlvorgang wiederholt sich so lange, bis man den Pflanzennamen erreicht hat.

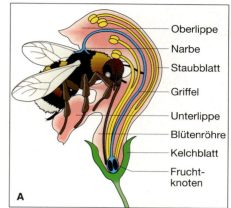

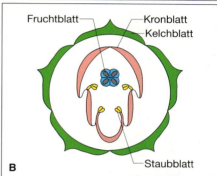

2 Gefleckte Taubnessel. A *Blütenschema: Blüte wird von Hummel bestäubt;* **B** *Blütendiagramm;* **C** *Fruchtstand*

Lippenblütengewächse haben typische Merkmale wie den vierkantigen Stängel, die gegenständigen Blätter und die lippenförmigen Blüten.

1 Weiße die Inhalte des Erschließungsfeldes „Vielfalt" am Beispiel der Lippenblütengewächse nach.
2 Stelle Merkmale der Lippenblütengewächse zusammen.
Nutze auch die Pinnwand Seite 8.
3 Beschreibe mithilfe von Seite 8 die Bestäubung des Wiesensalbeis.

Nutze auch die Pinnwand Seite 8.

Erschließungsfeld
Vielfalt

Weltweit gibt es über 3000 verschiedene Arten von Lippenblütengewächsen. Alle diese Pflanzen weisen gemeinsame Merkmale wie die lippenförmigen Blüten, gegenständige Blätter und die Bestäubung durch Insekten auf. In anderen Merkmalen wie der Größe, der Blütenfarbe und den Umweltansprüchen treten jedoch Unterschiede auf.

Pinnwand

LIPPENBLÜTENGEWÄCHSE

Merkmale der Familie

Blüten häufig zweilappig, 5 Kronblätter; davon 2 zur Oberlippe und 3 zur Unterlippe verwachsen; meist 4 Staubblätter; Früchte zerfallen in Teilfrüchte mit 4 Samen; Sprossachse meist vierkantig; weltweit etwa 3200 Arten

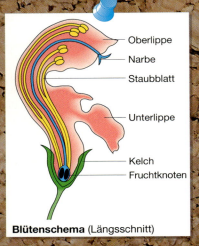

Oberlippe
Narbe
Staubblatt
Unterlippe
Kelch
Fruchtknoten

Blütenschema (Längsschnitt)

Der Trick des Wiesensalbeis

Staubbeutel
Platte
Platte

Blütenlängsschnitt | Blüte während der Bestäubung | umgebildetes Staubblatt

Die beiden Staubblätter des Wiesensalbeis sind lang und gebogen. Jedes Staubblatt trägt am langen Ende ein Staubbeutelfach, am kurzen Ende eine löffelförmige Platte. Zusammen mit der Platte des zweiten Staubblattes wird so der Eingang der Blütenröhre versperrt. Stößt nun eine Hummel oder Biene bei der Nektarsuche gegen die Platten, senken sich die Bänder. Wie ein Schlagbaum werden die geöffneten Staubbeutel auf den Rücken des Insekts gedrückt, das so mit Pollenkörnern bepudert wird.

Gundermann

Aussehen:	20 bis 40 cm hohe krautige Pflanze, bildet Ausläufer
Blüten:	blau-violett
Blütezeit:	April–Juni
Vorkommen:	Wälder, Wiesen, Gebüsche

Wiesensalbei

Aussehen:	30 bis 60 cm hohe krautige Pflanze; Stängel und Blätter borstig behaart
Blüten:	dunkelblau
Blütezeit:	Mai–August
Vorkommen:	Wiesen, Gebüsche

Weiße Taubnessel

Aussehen:	20 bis 50 cm hohe krautige Pflanze
Blüten:	weiß
Blütezeit:	April–Oktober
Vorkommen:	an Zäunen, Wegrändern

Goldnessel

Aussehen:	15 bis 45 cm hohe krautige Pflanze
Blüten:	gelb, Unterlippe mit roten Flecken
Blütezeit:	April–Juni
Vorkommen:	Gebüsche, Laubwälder

1.2 Nutzpflanzen unter den Lippenblütengewächsen

In der Familie der Lippenblütengewächse sind zahlreiche Gewürz- und Heilpflanzen zu Hause.

Sicher hast du bei leichten Magenbeschwerden schon einmal Pfefferminz-tee getrunken. Die **Echte Pfefferminze** blüht blau bis violett. Man erntet das Kraut allerdings kurz bevor die Pflanzen im Juni blühen. Die Blätter enthalten ätherische Öle, vor allem das *Menthol*. Gießt man die getrock-neten Blätter mit Wasser auf, erhält man einen krampflösenden und ver-dauungsfördernden Tee. Der Inhaltsstoff Menthol kann aus dem Pfeffer-minzöl auch in reiner Form gewonnen werden. Man verwendet ihn zum Beispiel in der Kosmetikindustrie für Zahnpasta und Mundwasser. Auch die Süßwarenindustrie setzt diese Geschmacksstoffe vielfältig ein.

1 Pfefferminze

Eine weitere bekannte Heilpflanze, die zu den Lippenblütengewächsen zählt, ist der **Echte Salbei**. Die mehrjährige Pflanze wird bis 60 cm hoch, hat graue, filzige, behaarte Blätter und blau-violette Blüten. In der Medizin werden die Blätter mit ihrem ätherischen Öl verwendet. Salbei wirkt ent-zündungshemmend und wird bei Erkrankungen von Rachen, Zahnfleisch und Hals sowie des Verdauungssystems angewendet. Die frischen Blätter nimmt man vor allem in der italienischen Küche als Gewürz.

2 Echter Salbei

Zitronenmelisse und **Rosmarin** lassen sich ebenfalls als Heil- und Ge-würzkräuter einsetzen. So wirkt Zitronenmelisse nervenstärkend und beru-higend. Sie wird deshalb bei Kopfschmerzen und Einschlafstörungen ein-gesetzt. Die nach Zitrone duftenden und schmeckenden Blätter passen zu Fruchtsalaten, Soßen und Desserts. Rosmarin ist ein über einen Meter ho-her, immergrüner Strauch. Klosterbrüder brachten die Pflanze im Mittel-alter aus Südeuropa nach Deutschland. Damals dienten die Pflanzen nicht nur medizinischen Zwecken. Sie sollten auch vor bösen Geistern schützen und wurden bei Taufen, Hochzeiten und Beerdigungen eingesetzt. Ge-nutzt werden heute die Inhaltsstoffe der Blätter, die Bädern oder Salben zugesetzt werden. Sie beseitigen Müdigkeit und Erschöpfung, steigern den Blutdruck und stärken das Herz. Mit dem herzhaften Kraut würzt man Bra-ten sowie Suppen und Wurstmasse.

Als Gewürz finden noch viele weitere Pflanzen dieser Familie Ver-wendung. Dazu zählen Basilikum, Majoran, Echter Thymian und Bohnen-kraut.

3 Zitronenmelisse

> Lippenblütengewächse werden als Heil- und Gewürzpflanze in der Medi-zin, Kosmetik und Nahrungsmittelindustrie verwendet.

1 Pfefferminztee soll gerade bei Kindern nicht als Dauergetränk angewen-det werden. Gib einen möglichen Grund für diesen Hinweis an.

2 Begründe, warum Echter Salbei ein Lippenblütengewächs ist.

3 Informiere dich über die Verwendung von Basilikum, Majoran, Echtem Thymian und Bohnenkraut. Nutze dazu Fachliteratur, Bücher über Heilpflan-zen, Kochbücher oder das Internet.

4 Suche in eurem Haushalt nach verschiedenen Gewürzen, Tees, Kos-metika, Badezusätzen oder Medikamenten auf pflanzlicher Basis. Schaue bei den Inhaltsangaben nach, ob hier Lippenblütengewächse eine Rolle spielen. Wähle zwei Beispiele aus und stelle sie in der Klasse vor.

4 Rosmarin

Methode | **Fachbegriffe nachschlagen**

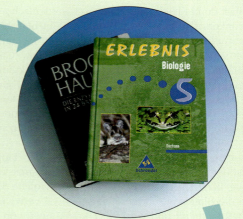

1. Auswahl einer Informationsquelle

Wenn du dich für ein bestimmtes Thema oder für einen bestimmten Fachbegriff interessierst, musst du zunächst eine passende Informationsquelle suchen. Das kann ein Buch sein. Es kann aber auch eine CD oder eine Internetseite sein.

2. Orientierung im Fachbuch

In einem Lexikon kannst du den gesuchten Begriff nachschlagen. Alle Einträge sind alphabetisch geordnet. In einem Fachbuch findest du ganz vorne ein Inhaltsverzeichnis und auf den letzten Seiten ein Register.

4. Nachlesen

Manchmal ist es auch hilfreich, andere Worte nachzuschlagen, die dir zu dem Thema einfallen bzw. die in einem Fachtext auftauchen. Sonst kann es dir passieren, dass du den Text nicht richtig verstehst.
Falls du keine passenden Seiten oder nur unzureichende Informationen findest, musst du eine andere Informationsquelle suchen.

3. Inhaltsverzeichnis und Register

Im Inhaltsverzeichnis sind die Kapitel des Buches aufgelistet. Es gibt dir einen Themenüberblick. Das Register ist alphabetisch geordnet. Hinter jedem Wort sind die betreffenden Seiten angegeben. Der Buchstabe f bedeutet, dass sich auch die folgende Seite noch mit dem Begriff befasst. Bei ff steht der Begriff auf mehreren der folgenden Seiten.

1 Ordne folgende Begriffe in alphabetischer Reihenfolge: Erbse, Blüte, Stängel, Hülse, Majoran, Zitronenmelisse, Wiesen-Salbei, Thymian, Bohne.

2 Schlage einen der folgenden Begriffe nach und stelle seine Bedeutung der Klasse vor:
Lebensgemeinschaft, Chlorophyll, Hülse.

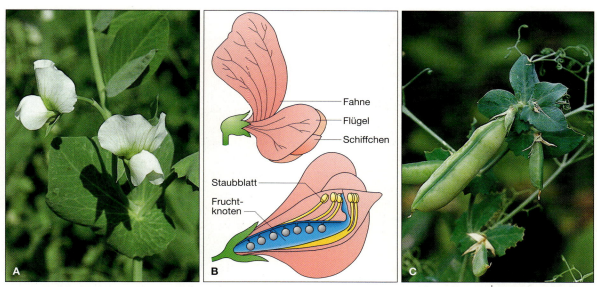

1 Erbse. A *Blüte,* **B** *Blütenschema,* **C** *Frucht*

2 Schmetterlingsblütengewächse.
A Gemeiner Goldregen,
B Platterbse

2 Die Familie der Schmetterlingsblütengewächse

2.1 Merkmale der Schmetterlingsblütengewächse

Ganz anders als die Blüten der Lippenblütengewächse ist die Blüte der Erbse gebaut. Sie besteht aus der nach oben gerichteten *Fahne,* zwei seitlich abstehenden *Flügeln* und dem *Schiffchen,* das aus zwei zusammengewachsenen Kronblättern gebildet wird. Im Blüteninneren findest du zehn Staubblätter und ein Fruchtblatt mit länglichem Fruchtknoten. Die Blüten werden immer durch Insekten wie Bienen oder Hummeln bestäubt. Von vorn betrachtet erinnert die Blüte an einen Schmetterling. Daher heißt die Familie, zu der die Erbse gehört, **Schmetterlingsblütengewächse.** Ihre Früchte nennt man *Hülsen.*

Unter den Schmetterlingsblütengewächsen gibt es sehr viele *Nutzpflanzen.* Die eiweißreichen Samen der Bohnen, Erbsen und Linsen werden schon seit Jahrtausenden für die menschliche Ernährung genutzt. Klee- und Luzernearten haben Blütenstände mit sehr vielen kleinen Schmetterlingsblüten. Sie sind wie die *Lupine* ein wertvolles Viehfutter. Darüber hinaus werden sie auch als Dünger für den Ackerboden verwendet. Die Pflanzen werden dann nicht gemäht, sondern grün untergeackert.

> Zu den Schmetterlingsblütengewächsen gehören Bohnen, Erbsen und Linsen. Ihre Blüten bestehen aus Fahne, zwei Flügeln und Schiffchen. Viele Schmetterlingsblütengewächse sind für die menschliche Ernährung und als Viehfutter von Bedeutung.

1 Beschreibe den Bau einer Schmetterlingsblüte anhand der Abb. 1 B.
2 Lege eine Tabelle an. Trage die Merkmale der Schmetterlingsblütengewächse und einige Beispiele ein. Nutze auch die Seite 12.

Pinnwand

SCHMETTERLINGSBLÜTENGEWÄCHSE

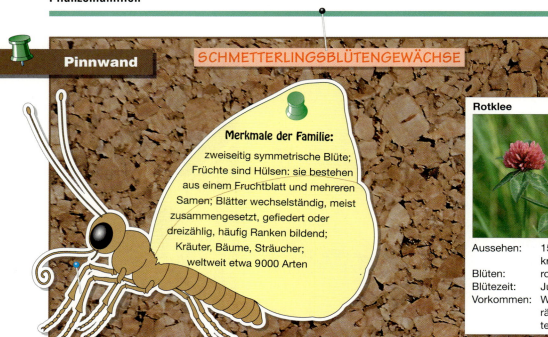

Merkmale der Familie:

zweiseitig symmetrische Blüte; Früchte sind Hülsen: sie bestehen aus einem Fruchtblatt und mehreren Samen; Blätter wechselständig, meist zusammengesetzt, gefiedert oder dreizählig, häufig Ranken bildend; Kräuter, Bäume, Sträucher; weltweit etwa 9000 Arten

Rotklee

Aussehen:	15 bis 40 cm hohe krautige Pflanze
Blüten:	rot, in Köpfchen
Blütezeit:	Juni–August
Vorkommen:	Wiesen, Weiden, Wegränder; wichtige Futterpflanze

Die Gelbe Hauhechel pumpt Pollen

In den Blüten der Gelben Hauhechel oder der Stauden-Lupine sind die beiden Kronblätter des Schiffchens so verwachsen, dass nur an der Spitze eine kleine Öffnung bleibt. Sind die Staubbeutel reif, entleeren sie ihre klebrigen Pollen in die Schiffchenspitze. Drückt ein Insekt das Schiffchen bei der Nektarsuche nach unten, wird der Pollen durch die kolbenförmig verdickten Staubfäden an den Körper des Tieres gepresst.

1 Beschreibe die Bestäubung einer Lupinenblüte.

Vogelwicke

Aussehen:	bis 1,20 m hohe krautige Pflanze
Blüten:	blau-violett, Traube langgestielt mit vielen Blüten
Blütezeit:	Juni–August
Vorkommen:	Wiesen, Weiden Waldsaum

Besenginster

Aussehen:	0,5 bis 2 m hoher Strauch
Blüten:	gelb, einzeln oder zu zweit
Blütezeit:	Mai–Juni
Vorkommen:	trockene Wälder, Gebüsche, Wegränder, Bahndämme

Stauden-Lupine

Aussehen:	1 bis 1,5 m hohe krautige Pflanze
Blüten:	meist blau-violett oder gelb
Blütezeit:	Juni–August
Vorkommen:	Waldränder, Lichtungen; auch als Futter- und Zierpflanze

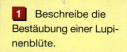

2.2 Nutzpflanzen unter den Schmetterlingsblütengewächsen

Unter den Schmetterlingsblütengewächsen gibt es sehr viele Nutzpflanzen. Die eiweißreichen Samen der *Bohnen*, *Erbsen*, *Linsen* und *Kichererbsen* werden schon seit Jahrtausenden für die menschliche Ernährung genutzt.

Unsere einjährige **Gartenbohne** stammt ursprünglich aus Mittel- und Südamerika, wo sie seit etwa 8000 Jahren kultiviert wird. Kurze Zeit nach der Entdeckung Amerikas gelangten die ersten Pflanzen nach Europa. Aus ihnen konnten später die niedrigen, strauchig wachsenden Buschbohnen mit ihren langen, schlanken Hülsen gezüchtet werden. Die grünen oder gelben Hülsen werden meist in unreifem Zustand gepflückt, gekocht und zu Konserven, Gemüse oder Salat verarbeitet. Roh können die Früchte nicht gegessen werden, da sich in den Samen ein Giftstoff befindet, der erst durch Kochen zerstört wird.

Die bedeutendste subtropische Bohne ist die **Sojabohne.** Sie ist in Ostasien beheimatet und zählt heute zu den Weltwirtschaftspflanzen mit einer Jahresproduktion von über 140 Millionen Tonnen. Die Samen enthalten unter anderem 34 % Eiweiß, 6 % verdaubare Kohlenhydrate und etwa 18 % Öl. So ergeben sich ganz verschiedene Nutzungsmöglichkeiten wie Margarineherstellung, Gewinnung von Sojamehl für Suppen und Soßen. Aus Sojabohnen lassen sich auch Sojakäse, Jogurt, Quark und Milch herstellen. Sojabohnenkeimlinge werden als Gemüse gegessen, weil sie besonders viele Vitamine enthalten.

Sicher hast du schon einmal Erdnüsse geknabbert. Die **Erdnusspflanze** ist ein einjähriges Kraut mit gelben Schmetterlingsblüten. Die Blüten sind nur wenige Stunden geöffnet und bestäuben sich selbst. Dann wächst unterhalb des Fruchtknotens ein Fruchtträger, der sich abwärts in Richtung Boden krümmt. Er schiebt sich etwa 5 cm tief in die Erde hinein. Dort entwickeln sich in den nächsten vier bis fünf Monaten die Früchte mit den Samen. Sie werden geerntet und später zum Beispiel geröstet und gesalzen.

Klee, *Luzerne* und *Lupine* können dagegen als Viehfutter angebaut werden. Man mäht die Pflanzen und verwendet sie als Frischfutter für Tiere.

Viele Schmetterlingsblütengewächse leben mit Bakterien zusammen, die Stickstoff aus der Luft binden können. Sie wandeln diesen dann in Nährsalze um und düngen sich somit selbst. Solche Pflanzen werden im Herbst nicht geerntet, sondern grün untergepflügt. Man spricht deshalb von *Gründüngung*.

1 Gartenbohne

2 Sojabohne

3 Erdnuss

Viele Schmetterlingsblütengewächse sind für die menschliche Ernährung von Bedeutung. Dazu zählen Sojabohne, Gartenbohne, Erbse, Linse und Erdnuss. Andere Pflanzen nutzt man als Viehfutter und für die Gründüngung.

1 Lege eine Tabelle an. Trage Schmetterlingsblütengewächse ein, die der menschlichen Ernährung dienen oder die als Viehfutter Verwendung finden.

2 Prüfe einen Erdnusssamen mit der Fettfleckprobe. Berichte. Welche Nutzungsmöglichkeiten ergeben sich daraus?

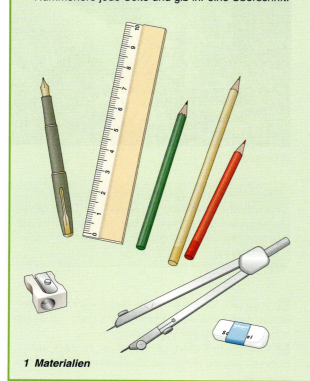

Methode   Einen Ordner anlegen

Ein Ordner ist dazu geeignet, alle Blätter aufzube-
wahren, die du in der Schule oder zu Hause für ein
Fach oder ein bestimmtes Thema erarbeitet hast.
Es gibt verschiedene Arten von Ordnern. Die großen
Standard-Ordner sind schwer und brauchen viel
Platz. Sie eignen sich nicht, um im Ranzen transportiert zu werden. Wenn bei dir jedoch ein Regal im
Klassenzimmer steht, das du verwenden darfst,
kannst du einen Standard-Ordner zum Sammeln von
Materialien verwenden. Sichthefter aus Kunststoff
oder Ordner aus Pappkarton sind platzsparender und
leichter zu transportieren. Sie sind gut geeignet, um
alles zu sammeln, was zu einem Thema gehört.

Beim Anlegen und Führen eines Ordners solltest du
einige Regeln beachten.
- Einigt euch, welche Farben die Ordner für die ein-
  zelnen Fächer oder Themen haben sollen. Du kannst
  dann jeden Ordner an der Farbe sofort erkennen.
- Schreibe deinen Namen und die Klasse auf den
  Ordner.
- Hefte alle Blätter und Materialien in der Reihenfolge
  ab, in der du sie bekommst oder selber erstellst.
- Nummeriere jede Seite und gib ihr eine Überschrift.

2 Verschiedene Ordner

- Erstelle ein Inhaltsverzeichnis und schreibe es auf
  eine Seite aus stabilem Papier. Es liegt immer oben
  in deinem Ordner.
- Trage die Überschrift und die Seitenzahl jeder Seite
  in das Inhaltsverzeichnis ein.
- Beim Gestalten der Seiten solltest du links einen
  breiten Rand zum Abheften lassen.
- Zeichne mit Bleistift oder Buntstiften. Achte darauf,
  dass deine Zeichnungen nicht zu klein werden.
- Verwende für gerade Linien ein Lineal und für Krei-
  se einen Zirkel.
- Überprüfe ständig, ob dein Ordner vollständig ist.
- In deinem Ordner darfst du alles sammeln, was zu
  dem Unterrichtsfach passt. So kannst du später immer nachschlagen, wenn du bestimmte Informationen brauchst. In einem Ordner zu Pflanzenfamilien
  kannst du auch Steckbriefe zu einzelnen Pflanzen
  oder Herbarblätter mit gepressten Pflanzenteilen
  abheften.
- Achte darauf, dass dein Ordner einen ordentlichen
  Eindruck macht.

1 Materialien

Präsentieren mit Folien

Bei einer Präsentation stellen eine oder mehrere Personen ausgewählte Inhalte eines Themas einer Gruppe vor. Die Darstellung wird lebendiger, wenn man seine Aussagen mit bildhaften Elementen unterstützt. Dazu kann man Folien verwenden und sie mit dem Tageslichtprojektor abbilden. Folien lassen sich einfach und wirkungsvoll mit einem Textverarbeitungsprogramm am PC erstellen.

Überschrift
Die Schriftgröße sollte etwa 30 pt betragen.

Symbole
Pfeile oder andere Symbole verdeutlichen Zusammenhänge, Teilüberschriften oder heben wichtige Aussagen hervor.

Schaubilder
Sie vereinfachen komplizierte Zusammenhänge. Größen- oder Mengenangaben lassen sich in Balken- oder Kreisdiagrammen übersichtlich darstellen.

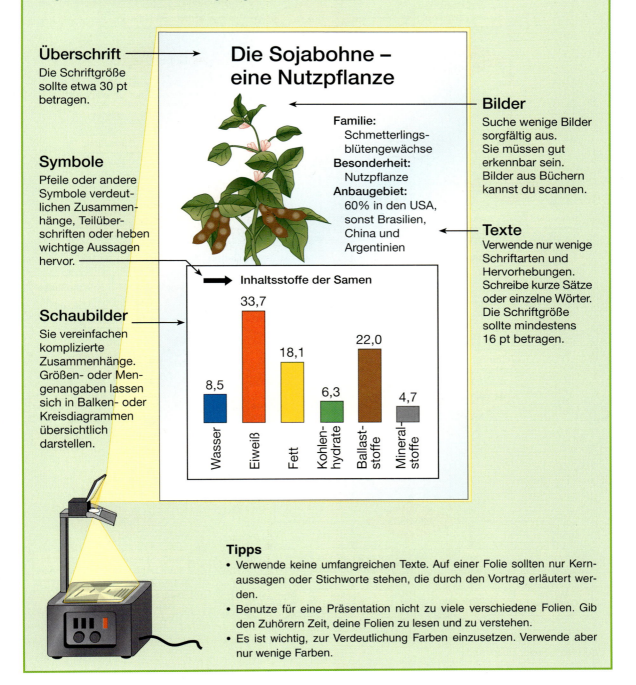

Die Sojabohne – eine Nutzpflanze

Familie:
Schmetterlingsblütengewächse
Besonderheit:
Nutzpflanze
Anbaugebiet:
60% in den USA, sonst Brasilien, China und Argentinien

Inhaltsstoffe der Samen

Wasser	Eiweiß	Fett	Kohlenhydrate	Ballaststoffe	Mineralstoffe
8,5	33,7	18,1	6,3	22,0	4,7

Bilder
Suche wenige Bilder sorgfältig aus. Sie müssen gut erkennbar sein. Bilder aus Büchern kannst du scannen.

Texte
Verwende nur wenige Schriftarten und Hervorhebungen. Schreibe kurze Sätze oder einzelne Wörter. Die Schriftgröße sollte mindestens 16 pt betragen.

Tipps
- Verwende keine umfangreichen Texte. Auf einer Folie sollten nur Kernaussagen oder Stichworte stehen, die durch den Vortrag erläutert werden.
- Benutze für eine Präsentation nicht zu viele verschiedene Folien. Gib den Zuhörern Zeit, deine Folien zu lesen und zu verstehen.
- Es ist wichtig, zur Verdeutlichung Farben einzusetzen. Verwende aber nur wenige Farben.

A1 Bestimmung von Lippenblütengewächsen

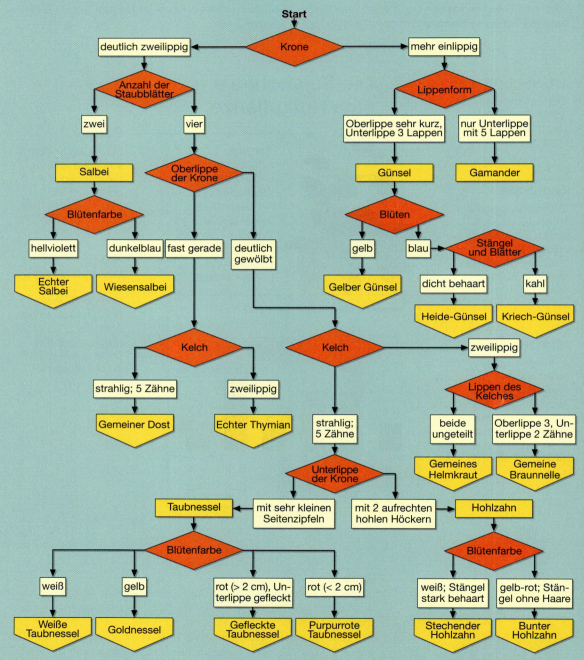

Lass dir drei Lippenblütengewächse geben, die mit diesem Bestimmungsschlüssel bestimmbar sind und ermittle den Namen der Pflanzen.

A2 Bestimmen ausgewählter Schmetterlingsblütengewächse

Mit diesem Bestimmungsschlüssel kannst du ausgewählte Pflanzen der Schmetterlingsblütengewächse bestimmen. Lass dir vom Lehrer drei Pflanzen geben, die so bestimmbar sind. Notiere den Bestimmungsweg zum Beispiel: **1 → 2* → Robinie.**

1	Sprossachse holzig	**2**
1*	Sprossachse krautig	**6**
2	Strauch	**3**
2*	Baum mit weißen Blüten	**Robinie**
3	Blüten in hängenden Trauben	**4**
3*	Blüten aufrecht, meist zu zweit	**5**
4	Blüten goldgelb, aufrechte Wuchsform	**Goldregen**
4*	Blüten blau bis zart violett, kletternde Wuchsform	**Blauregen**
5	Blätter nadelförmig, stark stechend	**Stechginster**
5*	Blätter schmal lanzettlich, nicht stechend	**Ginster**
6	Blätter gefingert	**7**
6*	Blätter gefiedert	**14**
7	drei Blättchen stehen zusammen	**9**
7*	fünf oder mehr Blättchen stehen zusammen, Blatt ist gestielt	**8**
8	Blüten blau, selten weiß oder rosa, Zierpflanze	**Stauden-Lupine**
8*	Blüten gelb, Futter- und Gründüngerpflanze	**Gelbe Lupine**
9	Blätter deutlich größer als 10 cm, breit	**10**
9*	Blätter deutlich kleiner als 10 cm	**11**
10	Krone leuchtend rot	**Feuerbohne**
10*	Krone weiß	**Gartenbohne**
11	Kronblätter untereinander verwachsen, fallen verwelkt nicht ab	**12**
11*	Kronblätter nicht verwachsen, fallen verwelkt ab	**13**
12	Blütenfarbe rot	**Rot-Klee**
12*	Blütenfarbe weiß	**Weiß-Klee**
13	Blütenfarbe weiß	**Weißer Steinklee**
13*	Blütenfarbe lebhaft gelb, Fahne und Flügel länger als Schiffchen	**Gelber Steinklee**
14	Fiederblatt paarig gefiedert, am Ende mit Ranke	**15**
14*	Fiederblatt unpaarig gefiedert, meist fünf Blättchen, gelbe Blüten	**Hornklee**
15	Krone rot bis violett, Staubfadenröhre schief abgeschnitten (Lupe!)	**Zaun-Wicke**
15*	Krone weiß bis rosa gefärbt, Staubfadenröhre gerade (Lupe!)	**Garten-Erbse**

Übung

Ein Herbarium anlegen

Material: kurze Zweige von Sträuchern; krautige Pflanzen; Bestimmungsbücher; Zeitungen; Bücher zum Beschweren; Zeichenkarton; durchsichtiges Klebeband; Schere

Durchführung: Sammle im Garten, am Wegrand oder auf der Wiese verschiedene krautige Pflanzen. Achte darauf, dass du Pflanzen aus den im Unterricht besprochenen Pflanzenfamilien wählst. Prüfe vor der Entnahme, ob die Pflanze unter Schutz steht, da nur ungeschützte Pflanzen herbarisiert werden dürfen. Transportiere die Pflanzen in einer Plastiktüte und arbeite gleich weiter, damit sie nicht verwelken.

Bestimme die Pflanzennamen und notiere auf einem Zettel Art, Fundort und Datum. Lege jeweils eine Pflanze ganz glatt mit dem Beschriftungszettel auf eine Lage Zeitungspapier. Decke die Pflanze nun mit einigen weiteren Zeitungsseiten ab. Wiederhole den Vorgang mit den anderen Pflanzen. Beschwere den Zeitungsstapel mit Büchern. Die Pflanzen werden so gepresst. Nach etwa zwei bis drei Tagen solltest du die einzelnen Lagen noch einmal kontrollieren. Jetzt können die Pflanzen umgelegt werden, um den Trocknungsprozess zu beschleunigen. Auch kleine Korrekturen wie das Glätten umgeschlagener Blätter sind noch möglich. Nach etwa zehn Tagen sind die Pflanzen vollständig getrocknet. Nimm sie nun heraus. Klebe jeweils eine Pflanze mit dünnen Streifen Klebeband auf ein Blatt Zeichenkarton. Beschrifte dein Herbarblatt wie im Beispiel gezeigt.

Aufgabe: Lege ein Herbar mit Pflanzen aus verschiedenen Planzenfamilien an.

Name: Gemeiner Hornklee
Familie: Schmetterlings-
             blütengewächse
Fundort: Wiese, Stötteritzer
             Wäldchen
Datum: 17. 9. 2005

Pflanzenfamilien

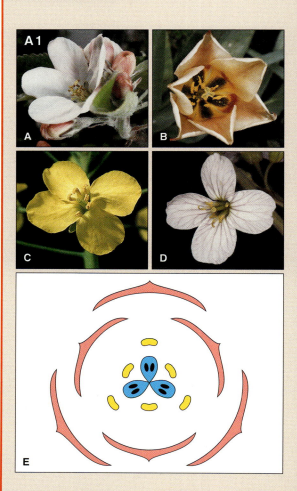

A1

A B C D

E

a) Die Blüten A bis D stammen von Apfel, Tulpe, Raps und Wiesenschaumkraut. Ordne den in E abgebildeten Blütengrundriss einer der vier Pflanzen zu.

b) Übertrage das Schema in deinen Hefter und benenne die Blütenteile.

c) Welche dieser Blütenteile werden als männlich, welche als weiblich bezeichnet?

d) Die abgebildete Pflanze ist zwittrig. Erläutere.

e) Gib für A bis D die entsprechenden Pflanzenfamilien an.

A2 Die Samen der Taubnessel haben fett- und kohlenhydrathaltige Anhänge, die für die Keimung dieser Samen keine Bedeutung haben.

Trotzdem erfüllen diese Anhänge eine wichtige Aufgabe. Erläutere.

A3 Die Fotos zeigen verschiedene Nutzpflanzen.

a) Benenne die Pflanzen.
b) Gib an, welchen Teil der Pflanze der Mensch dabei nutzt.
c) Nenne zwei Verwendungen für jede abgebildete Pflanze.

A4 Die Abbildung zeigt dieselbe Blüte, einmal am 10. Mai und ein weiteres Mal am 20. Mai.

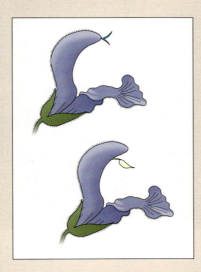

a) Erläutere den unterschiedlichen Blütenbau.
b) Ordne diese Pflanze der entsprechenden Pflanzenfamilie zu.

A5 a) Gib für A, B und C die richtige Bildunterschrift an.
b) Benenne die Teile ① bis ⑥.

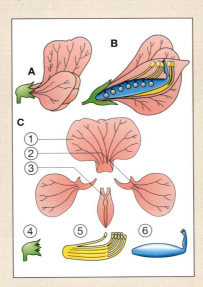

A6 Die Abbildungen zeigen die Blüten verschiedener Pflanzen.

Ordne diese Pflanzen einer Pflanzenfamilie zu. Begründe deine Entscheidung.

Der Wald als Lebensgemeinschaft

2 *Tiere des Waldes*

1 *Naturnaher Wald*

1 Der Wald besteht nicht nur aus Bäumen

1.1 Der Wald – eine Gemeinschaft vieler Lebewesen

Wenn man an einem heißen Sommertag in einen Wald kommt, ist es dort frisch und kühl. Die vielen Laubbäume spenden Schatten und sorgen für gute Luft. In einem *Laubmischwald* beispielsweise bilden verschiedene **Laubbäume** ein lichtes Blätterdach. Die Sonne kann die Baumkronen durchdringen. Deshalb wachsen in diesen Wäldern auch unter dem Blätterdach viele Pflanzen.

In einem *Fichtenwald* dagegen ist es dunkel. Die **Nadelbäume** stehen meist in geringem Abstand. Ihre dichten Kronen lassen wenig Licht durch. In solchen Wäldern wachsen auf dem Waldboden kaum Pflanzen.

Der Wald ist auch ein Lebensraum für viele Tierarten. Die Pflanzen bieten ihnen Schutz und Nahrung. Tagsüber kann man vor allem *Vögel* und *Insekten* entdecken. Auch *Säugetiere* wie Rehe und Wildschweine kommen hier vor. Viele von ihnen sind dämmerungs- oder nachtaktiv und deshalb nicht leicht zu beobachten.

> In Wäldern leben Pflanzen und Tiere in Gemeinschaften zusammen. Sie sind in vielerlei Hinsicht aufeinander angewiesen.

1 Abbildung 2 zeigt verschiedene Tiere des Waldes. Benenne sie. Welche Bedeutung hat der Wald für sie? Beschreibe.

Stichwort

Lebensgemeinschaft

Pflanzen und Tiere leben zusammen, beeinflussen sich gegenseitig und sind voneinander abhängig. Sie bilden im Lebensraum Wald eine Lebensgemeinschaft.

1.2 Der Mischwald ist in Stockwerke gegliedert

In einem Mischwald kann man an vielen Stellen von den Baumwipfeln bis zum Boden unterschiedliche Schichten oder „Stockwerke" erkennen.

Die Bäume in unseren Wäldern werden etwa 20 bis 30 Meter hoch. Sie bilden das obere Stockwerk, die **Baumschicht.** Zu dieser Schicht gehören zum Beispiel Stieleichen, Rotbuchen, Gemeine Fichten und Europäische Lärchen. Diese Schicht filtert das Licht und fängt starke Regengüsse ab.

Unterhalb dieser Schicht liegt die **Strauchschicht.** Die hier vorkommenden Sträucher werden meist 2 bis 6 m hoch. Zu diesem Stockwerk gehören auch Klettersträucher wie die Gemeine Waldrebe, aber auch junge Bäume. Häufige Sträucher unserer Wälder sind Gemeine Hasel, Faulbaum und Schwarzer Holunder. Am Waldrand bildet diese Schicht einen Windschutz und schützt den Boden so vor Austrocknung.

Mischwälder weisen in der nun folgenden **Krautschicht** häufig viele Blütenpflanzen und Farne auf. Dort kann man im Frühjahr einen Blütenteppich aus verschiedenen Frühblühern wie Buschwindröschen, Leberblümchen und Maiglöckchen entdecken.

Im Sommer wachsen hier Pflanzen, die mit wenig Licht auskommen wie Wald-Sauerklee, Schattenblume und Springkraut. Auch Gräser gehören zu der bis zu einem Meter hohen Krautschicht.

Die **Moosschicht** ist je nach Waldtyp unterschiedlich stark ausgeprägt. Moose werden 10 bis 20 Zentimeter hoch. In dieser Schicht gedeihen zum Beispiel das Frauenhaarmoos und das Weißmoos. Im Herbst kann man in der Moosschicht auch die Fruchtkörper der Pilze sammeln.

Die darunter liegende **Wurzelschicht** ist von den Wurzeln verschiedener Pflanzen und den Pilzgeflechten durchzogen. Die Pflanzen nehmen hier Wasser und Mineralstoffe auf. Abgestorbene Pflanzen, heruntergefallene Äste, Blätter und Nadeln werden in diesem Bereich zersetzt. So entsteht neue mineralstoffreiche Humuserde.

> Der Mischwald ist in verschiedene Stockwerke gegliedert. Dazu gehören die Baum-, Strauch-, Kraut-, Moos- und Wurzelschicht. In jeder Schicht findet man typische Pflanzen.

1 Nenne je zwei Pflanzenarten, die in der Moos-, Kraut-, Strauch- und Baumschicht vorkommen, aber im Text nicht genannt werden. Nimm die Pinnwände zu Hilfe.

2 Am Waldrand findet man oft mehr Straucharten als im Waldesinneren. Erkläre.

1 Schichten im Mischwald. A Foto, **B** Schema

1 **Rotbuche. A** Blütenstände; **B** geöffnete Frucht mit Samen (Buchecker)

1.3 Die Rotbuche – ein Laubbaum

In einem Buchenwald herrscht auch an hellen Tagen ein grünliches Dämmerlicht. **Rotbuchen** nutzen das Sonnenlicht sehr gut aus. Sie haben dazu zwei Arten von Blättern entwickelt: Sonnenblätter und Schattenblätter. Die dickeren, dunkelgrünen, kleineren *Sonnenblätter* stehen im äußeren Bereich der Krone. Die dünneren, hellgrünen *Schattenblätter* befinden sich im inneren Bereich der Krone. Durch ihre großen Blattflächen können sie das geringere Sonnenlicht in diesem Bereich besser ausnutzen.

Da nur wenig Restlicht auf den Waldboden gelangt, wachsen hier meist nur wenige andere Pflanzenarten. Keimlingen der Buche genügt aber das wenige Licht.

Ende April erscheinen die ersten Blüten der Buche. Die männlichen Blüten hängen in Büscheln am Grund der Triebe. Die weiblichen Blüten stehen zu zweit am Ende der jungen Zweige. Die Buche ist also **getrenntgeschlechtlich** und **einhäusig.** Nach der Befruchtung entwickeln sich die dreikantigen Nüsschen, die *Bucheckern.* Sie sind durch einen stachligen Fruchtbecher geschützt. Im September platzen die reifen Früchte auf und die Bucheckern fallen heraus. Sie können im nächsten Frühjahr keimen.

Rotbuchen werden bis zu 50 Meter hoch. Sie sind mit einem großen flachen Wurzelteller in der Erde verankert. Bei uns werden sie etwa 150 Jahre alt.

> Die Rotbuche ist ein Laubbaum, der das Sonnenlicht besonders gut nutzen kann. Aus den befruchteten weiblichen Blüten entwickeln sich Bucheckern.

1 Stelle einen Steckbrief der Rotbuche auf.
2 Beschreibe die Entwicklung einer Buche mithilfe der Abbildung unten.

Jungpflanze

Keimling

Früchte mit Samen

Ein Informationsplakat entsteht

Plakate begegnen uns ständig. Mit großen auffallenden Bildern oder Schriften werben viele für Produkte, Firmen, Vereine oder auch politische Parteien. Manche informieren auch nur zu bestimmten Themen. Alle haben etwas gemeinsam: Sie fallen sofort auf. Und wir erkennen schnell, worum es geht.

Hast du Informationen zu einem bestimmten Thema gesammelt, kannst du sie auf einem **Plakat** zeigen.

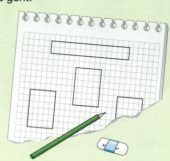

Was du beim Erstellen eines Plakates beachten musst und wie du vorgehst:
• Erstelle eine Skizze, die zeigt, wie dein Plakat gestaltet werden soll.
• Ordne die Inhalte, die du zeigen möchtest, nach der Wichtigkeit.
• Bedenke: Der Platz ist begrenzt!

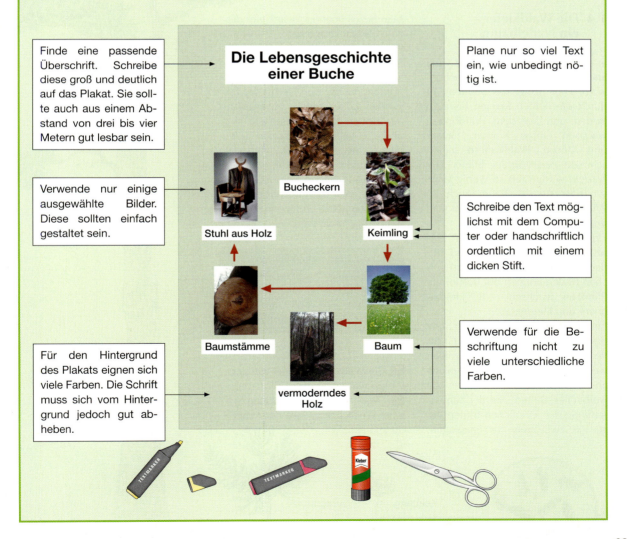

Finde eine passende Überschrift. Schreibe diese groß und deutlich auf das Plakat. Sie sollte auch aus einem Abstand von drei bis vier Metern gut lesbar sein.

Verwende nur einige ausgewählte Bilder. Diese sollten einfach gestaltet sein.

Für den Hintergrund des Plakats eignen sich viele Farben. Die Schrift muss sich vom Hintergrund jedoch gut abheben.

Die Lebensgeschichte einer Buche

Bucheckern

Stuhl aus Holz

Keimling

Baumstämme

Baum

vermoderndes Holz

Plane nur so viel Text ein, wie unbedingt nötig ist.

Schreibe den Text möglichst mit dem Computer oder handschriftlich ordentlich mit einem dicken Stift.

Verwende für die Beschriftung nicht zu viele unterschiedliche Farben.

1 **Waldkiefer. A** *Blütenstände;* **B** *Zapfen*

1.4 Die Waldkiefer – ein Nadelbaum

In einem Kiefernwald sieht es ganz anders aus als in einem Buchenwald. Hier dringt das Sonnenlicht durch die lichten Kronen bis zum Boden und auf dem Waldboden wachsen einige Kräuter, Gräser und Moose. **Waldkiefern** haben schmale, nadelförmige Blätter. Die *Nadeln* verdunsten so wenig Wasser, dass sie der Baum auch im Winter behalten kann. Kiefern sind *immergrüne Nadelbäume.*
Herabgefallene Kiefernnadeln zersetzen sich nur langsam und bilden dabei Säuren. Auf einem solchen Boden können nur bestimmte Pflanzen wachsen, z.B. Heidelbeere und Heidekraut.
Im Mai blüht die Waldkiefer. Die männlichen *Blüten* sitzen am Grunde der Triebe, die zapfenförmigen weiblichen Blütenstände dagegen an deren Spitze. Sie enthalten die weiblichen Blüten. Auf der Samenschuppe der weiblichen Blüten liegen je zwei freie Samenanlagen.

Man bezeichnet die Waldkiefer deshalb als **Nacktsamer.**
Der Wind trägt die Pollen auf die Samenanlagen. Nach der Befruchtung entwickeln sich eiförmige *Zapfen,* die bis zum Herbst des folgenden Jahres reifen. Im Frühjahr des dritten Jahres öffnen sie sich und die geflügelten *Samen* fallen heraus. Sie können an einem hellen Standort keimen. Sie wachsen schnell und bilden tiefe *Pfahlwurzeln* aus. Waldkiefern werden etwa 35 Meter hoch und können über hundert Jahre alt werden.

Waldkiefern gehören zu den Nadelbäumen. Aus ihren Blütenständen entwickeln sich nach Bestäubung und Befruchtung Zapfen.

1 Stelle einen Steckbrief von der Waldkiefer auf.
2 Beschreibe die Entwicklung einer Waldkiefer mithilfe der Abbildung unten.

Samen

Keimling   **Jungpflanze**

NADELBÄUME

Pinnwand

Europäische Lärche

Größe: 30 bis 40 m
Nadeln: kurz und weich; stehen in Büscheln; sie werden im Herbst abgeworfen
Blütezeit: April

Douglasie

Größe: 20 bis 30 m
Nadeln: weich und flach; stehen einzeln; sie duften beim Zerreiben nach Apfel
Blütezeit: Mai

Weißtanne

Größe: 40 bis 50 m
Nadeln: zeigen auf der Unterseite zwei weiße Längsstreifen; Nadeln stehen einzeln
Blütezeit: Mai bis Juni

Gemeine Fichte

Größe: 40 bis 50 m
Nadeln: stachelig spitz und steif; stehen einzeln am Zweig
Blütezeit: Mai

Gemeine Eibe

Größe: bis 15 m; oft strauchförmig
Nadeln: dunkelgrün; stehen einzeln; **giftig!**
Blütezeit: März bis April

Deckschuppe
Samenschuppe
Samenanlage

Samenschuppe
Samenanlage

Blüten mit vielen Staubblättern

Staubblatt

Hüllblätter

weiblicher und männlicher Blütenstand einer Kiefer (Schema)

Gemeiner Wacholder

Größe: 5 bis 10 m hoher Strauch; selten baumförmig
Nadeln: stechen; je drei Nadeln stehen zusammen
Blütezeit: April bis Mai

Übung | # Laub- und Nadelbäume bestimmen

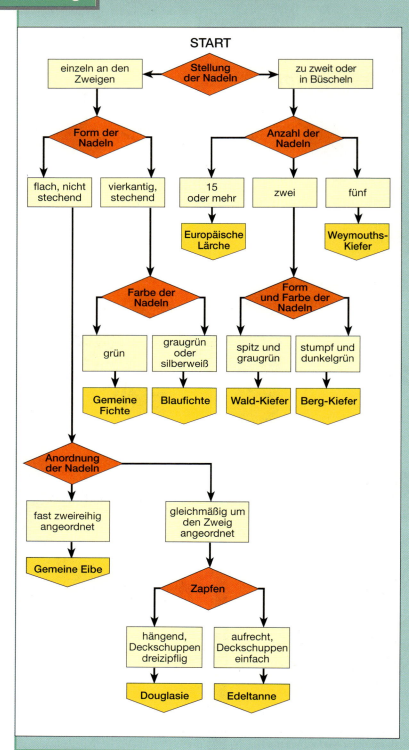

START

| einzeln an den Zweigen | **Stellung der Nadeln** | zu zweit oder in Büscheln |

Form der Nadeln

| flach, nicht stechend | vierkantig, stechend |

Anzahl der Nadeln

| 15 oder mehr | zwei | fünf |

Europäische Lärche

Weymouths-Kiefer

Farbe der Nadeln

| grün | graugrün oder silberweiß |

Form und Farbe der Nadeln

| spitz und graugrün | stumpf und dunkelgrün |

Gemeine Fichte | **Blaufichte** | **Wald-Kiefer** | **Berg-Kiefer**

Anordnung der Nadeln

| fast zweireihig angeordnet | gleichmäßig um den Zweig angeordnet |

Gemeine Eibe

Zapfen

| hängend, Deckschuppen dreizipflig | aufrecht, Deckschuppen einfach |

Douglasie | **Edeltanne**

A1 Sammle jeweils zwei verschiedene Zweige von Laub- und Nadelbäumen. Fertige für diese vier Arten einen Steckbrief an. Beachte dabei: Wuchsform des Baumes, Rinde, Blattform und Blattstellung sowie das Aussehen der Früchte bzw. der Zapfen.

A2 Bestimme mithilfe der Bestimmungsschlüssel auf dieser Doppelseite die folgenden abgebildeten Bäume.

A3 Lass dir je einen Zweig eines Nadel- und eines Laubbaumes geben, der mit den vorgegebenen Schlüsseln bestimmbar ist. Bestimme, um welche Bäume es sich handelt.

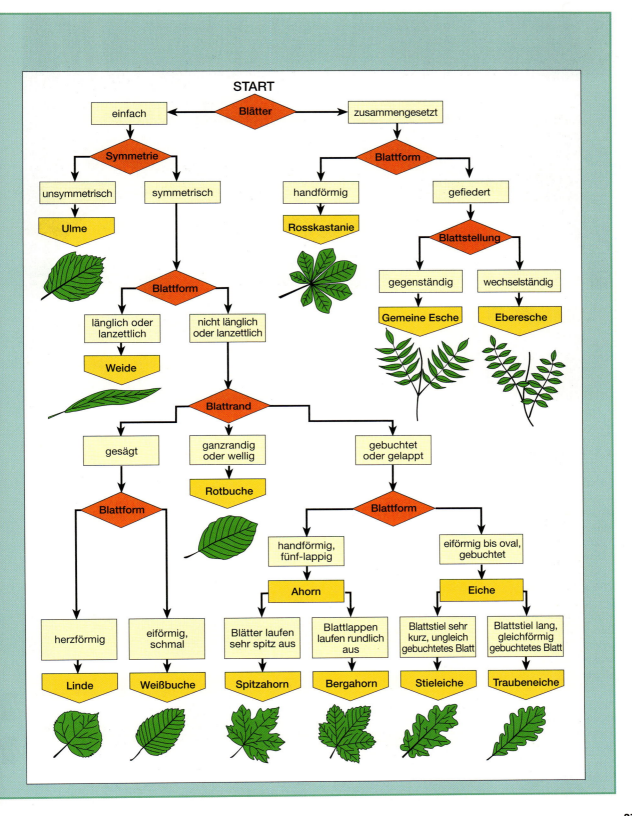

START

Blätter

einfach — zusammengesetzt

Symmetrie
- unsymmetrisch → Ulme
- symmetrisch

Blattform
- länglich oder lanzettlich → Weide
- nicht länglich oder lanzettlich

Blattrand
- gesägt
- ganzrandig oder wellig → Rotbuche
- gebuchtet oder gelappt

Blattform (gesägt)
- herzförmig → Linde
- eiförmig, schmal → Weißbuche

Blattform (gebuchtet oder gelappt)
- handförmig, fünf-lappig → Ahorn
  - Blätter laufen sehr spitz aus → Spitzahorn
  - Blattlappen laufen rundlich aus → Bergahorn
- eiförmig bis oval, gebuchtet → Eiche
  - Blattstiel sehr kurz, ungleich gebuchtetes Blatt → Stieleiche
  - Blattstiel lang, gleichförmig gebuchtetes Blatt → Traubeneiche

Blattform (zusammengesetzt)
- handförmig → Rosskastanie
- gefiedert

Blattstellung
- gegenständig → Gemeine Esche
- wechselständig → Eberesche

1 *Frühblüher im Laubwald.* **A** *Buschwindröschen;* **B** *Märzenbecher*

1.5 Frühblüher im Wald

Im März oder April kann ein Spaziergang im Laubwald besonders reizvoll sein. Mit den ersten Sonnenstrahlen, die den Boden erwärmen, zeigt sich ein bunter Blütenteppich. Hier blühen zum Beispiel *Buschwindröschen, Märzenbecher, Scharbockskraut* und *Leberblümchen.*

Wie gelingt es diesen Pflanzen, so zeitig zu blühen? Ein Buschwindröschen entwickelt sich zum Beispiel schon unter dem Schnee. Die dafür nötigen Nährstoffe sind im *Erdspross* gespeichert. Sobald es im Frühjahr wärmer und heller wird, kann die Pflanze austreiben und blühen. Solche Pflanzen bezeichnet man als **Frühblüher.**

Auch Schneeglöckchen und Märzenbecher besitzen spezielle Speicherorgane. Sie entwickeln sich aus *Zwiebeln.* Dadurch können sie sich bereits im März vor den anderen Pflanzen entwickeln. Frühblüher nutzen also die günstigen Lichtverhältnisse im Frühjahr. Die Laubbäume haben noch nicht ausgetrieben. Viel Licht gelangt auf den Waldboden und erwärmt diesen.

Im späten Frühjahr ändern sich die Lichtverhältnisse. Die Knospen an den Laubbäumen brechen auf und die Blätter entfalten sich. Jetzt dringt nur noch wenig Licht auf den Waldboden. Die Frühblüher tragen Früchte und speichern neue Nährstoffe. Kurz darauf sind sie verblüht. Ihre Speicherorgane ruhen nun bis zum nächsten Frühjahr im Boden.

> Frühblüher besitzen spezielle Speicherorgane wie Zwiebeln oder Erdsprosse. Dadurch können sie im zeitigen Frühjahr austreiben und blühen.

1 Nenne zwei weitere Frühblüher, die einen Erdspross als Speicherorgan besitzen. Informiere dich dazu auf der Pinnwand S. 29.
2 Auf der Pinnwand findest du zwei Pflanzen, die nicht zu den Frühblühern gehören. Lies alle Pinnzettel aufmerksam durch und benenne diese Pflanzen.
3 Wende das Erschließungsfeld „Angepasstheit" auf das Buschwindröschen an.

PFLANZEN DER KRAUTSCHICHT

Wald-Ziest

Größe: bis 1 m hoch
Blütezeit: Juni – September
Besonderheiten: Pflanze besitzt einen kriechenden Erdspross

Leberblümchen

Größe: bis 15 cm hoch
Blütezeit: März – April
Besonderheiten: überwintert mit einem kriechenden Erdspross

Maiglöckchen

Größe: bis 25 cm hoch
Blütezeit: Mai – Juni
Besonderheiten: überwintert mit einem kriechenden Erdspross; die Pflanze ist **giftig**

Scharbockskraut

Größe: bis 20 cm hoch; kriechend
Blütezeit: März – Mai
Besonderheiten: überwintert mit Wurzelknollen; die Pflanze ist **giftig**

◄

Größe: bis 20 cm hoch ►
Blütezeit: April – Juni
Besonderheiten: die Samen werden von Ameisen verbreitet; überwintert mit Erdspross

Wald-Veilchen

Wald-Sauerklee

Größe: bis 15 cm hoch
Blütezeit: April – Juni
Besonderheiten: überwintert mit verzweigtem Erdspross; die Blätter schmecken sauer

Erschließungsfeld
Angepasstheit

Lebewesen besitzen bestimmte Merkmale, die ihnen ein Leben in einem bestimmten Lebensraum ermöglichen. So sind zum Beispiel die Frühblüher eines Laubwaldes an die günstigen Lichtverhältnisse im Frühjahr angepasst. Sie können aufgrund ihrer Speicherorgane schnell austreiben, blühen und fruchten.

Echtes Springkraut

Größe: bis 80 cm hoch
Blütezeit: Juli – September
Besonderheiten: reife Samen werden bei Berührung bis 2 m weit heraus geschleudert

1.6 Pilze leben im Waldboden

Bei feuchtem Herbstwetter „schießen" die Pilze aus dem Waldboden. Sammler gehen dann auf die Suche nach essbaren Pilzen wie *Steinpilz, Marone* und *Pfifferling.* Haben sie einen Pilz entdeckt, lösen sie ihn vorsichtig ab. Die meisten Hutpilze sind deutlich in *Stiel* und *Hut* gegliedert. Auf der Hutunterseite erkennt man bei manchen Pilzen Röhren. Man nennt diese Pilze deshalb **Röhrenpilze.** In den Röhren sitzen sehr viele *Sporen,* die vom Wind verbreitet werden. Diese kleinen braunen Körnchen dienen der *ungeschlechtlichen Fortpflanzung* der Pilze.

Es gibt aber auch anders aussehende Hutunterseiten wie z.B. beim Fliegenpilz. Sie bestehen aus schmalen Blättern oder Lamellen. Solche Pilze gehören deshalb zu den Lamellen- oder **Blätterpilzen.** Unter den Blätterpilzen gibt es viele Giftpilze wie den *Panterpilz* oder den *Knollenblätterpilz.*

Doch ob Blätterpilz oder Röhrenpilz, was wir sehen, ist nur der *Fruchtkörper* des eigentlichen Pilzes. Der größte Teil wächst als Fadengeflecht, auch *Myzel* genannt, im Boden. Es besteht aus dünnen weißen Fäden, den *Hyphen.* Mit

den Hyphen nimmt der Pilz Wasser und Nährstoffe auf. Er ernährt sich von organischen Stoffen aus zersetzten Pflanzen- und Tierresten. Diese Nährstoffe nutzt er für die Bildung der Fruchtkörper.

Neben solchen *Fäulnisbewohnern* oder *Saprophyten* gibt es auch Pilzarten, die als *Schmarotzer* oder Parasiten von einer Wirtspflanze leben und ihr Schaden zufügen.

Viele Pilze sucht man gezielt unter Bäumen. Unter Kiefern lassen sich z.B. Butterpilze und Maronen finden. Auch viele andere Pilzarten leben eng mit bestimmten Bäumen zusammen. Ihre Hyphen dringen in deren Wurzeln ein. Der Pilz erhält dabei vom Baum Nährstoffe. Dafür hilft er dem Baum, Wasser und gelöste Mineralstoffe aufzunehmen. Durch diese Verbindung haben beide Organismen einen Vorteil. Man sagt, sie leben in **Symbiose** miteinander. Die spezielle Symbioseform zwischen Pilz und Baum wird *Mykorrhiza* genannt.

> Pilze bestehen aus einem unterirdischen Myzel und einem oberirdischen Fruchtkörper. Viele Pilzarten leben in einer Symbiose mit Bäumen zusammen.

1 Beschreibe den Aufbau eines Hutpilzes mithilfe der Abbildung 1 A.
2 Erläutere die Symbiose zwischen Marone und Kiefer mithilfe der Abbildung 1 E.

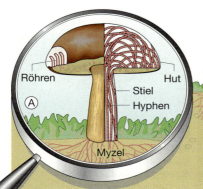

1 Pilze. A *Bau eines Hutpilzes (schematisch, außen und innen);* **B** *Steinpilz;* **C** *Fliegenpilz (giftig!);* **D** *Marone;* **E** *Mykorrhiza zwischen Marone und Kiefer*

PILZE DES WALDES

Pinnwand

Legende

= essbar

= ungenießbar

= giftig

= kommt in Nadel-
wäldern vor

= kommt in Laub-
wäldern vor

Waldchampignon: ;

Flaschenbovist:
; und

Hinweise zum Pilze sammeln:

- Sammle nur Pilze, die du sicher kennst! Nutze bei Fragen eine Pilz-beratungsstelle.
- Lege Pilze beim Sammeln in einen Korb, nicht in eine Tasche oder Plastetüte.
- Putze die Pilze noch am selben Tag. Bereite sie spätestens am nächsten Tag zu.
- Reste von Pilzgerichten dürfen nicht noch einmal aufgewärmt werden. Ihr Verzehr könnte zu Vergiftungen führen.
- Suche einen Arzt auf, wenn sich nach einer Pilzmahlzeit Übelkeit oder Schmerzen einstellen.
- Pilze sollten im Wald nicht umgestoßen oder zertreten werden.

Austernseitling:
;

Rotkappe:
; unter Birken

Pfifferling:
;

Parasol:
;

Satanspilz:
;

Pantherpilz:
; und

Grüner Knollenblätterpilz:
; und

Fliegenpilz:
; und

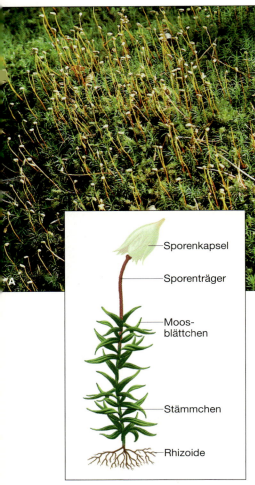

1 Moose. A *Frauenhaarmoos;* **B** *Moospolster überziehen den Waldboden*

2 **Schema einer Laubmoospflanze**

1.7 Moose sind Wasserspeicher

Feuchte Waldböden sind meist von einer geschlossenen Moosdecke überzogen. Sie setzt sich aus verschiedenen Moosarten zusammen, die etwa zehn Zentimeter hohe Polster bilden. Regnet es im Wald, saugen diese Moospolster das Regenwasser wie ein Schwamm auf. Ein Teil des Wassers versickert später in den Waldboden. Der Rest verdunstet langsam und wird so an die Luft abgegeben. Im Wald ist es deshalb im Sommer kühler und feuchter als in seiner Umgebung. Moospolster bilden auch Kleinstlebensräume für Bodenorganismen wie Spinnen und Käfer.

Eine Laubmoospflanze ist einfach gebaut: An einem *Stämmchen* sitzen die *Moosblättchen,* in deren Achseln sich das Wasser hält. Die Pflanze besitzt dünne wurzelähnliche Zellschläuche, die *Rhizoide,* mit denen sie Halt im Boden findet. An den Moospolstern ragen zu bestimmten Jahreszeiten *Sporenträger* mit einer *Sporenkapsel* hervor. Es sind keine Blüten, sondern „Behälter", in denen sich Tausende winziger „Körnchen", die *Sporen,* entwickeln. Sind die Sporen reif, platzt die Sporenkapsel auf. Die leichten Sporen werden vom Wind weit verbreitet. Aus ihnen wachsen später neue Moospflanzen. Neben dieser *ungeschlechtlichen Fortpflanzung* können sich Moose auch geschlechtlich fortpflanzen.

> Moose sind Sporenpflanzen. Sie können große Mengen Regenwasser speichern und sind Lebensraum für viele Bodenorganismen.

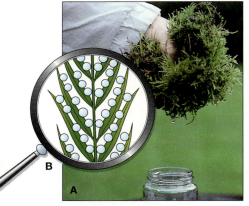

3 **Moose und Wasser.**
A *Auspressen eines Moospolsters;*
B *Wasserspeicherung zwischen den Blättchen (Schema)*

1 Nenne drei Bedeutungen von Moosen für das Ökosystem Wald.
2 Wiege ein feuchtes Moospolster. Presse dann das Wasser heraus und wiege erneut. Bestimme den Anteil des gespeicherten Wassers am Gesamtgewicht.

1 Farne im Wald. A Adlerfarn; *B* Schleier

1.8 Farne sind Sporenpflanzen

Große Farnbestände findet man häufig in schattigen, feuchten Wäldern. Sie erhöhen die Luftfeuchtigkeit durch die Verdunstung über ihre großen Blätter und bieten Tieren Unterschlupf.
Die dunkelgrünen Blätter des Wurmfarnes sind im Umriss lanzettlich. Sie werden auch als **Wedel** bezeichnet und können bis zu 1,50 Meter lang werden. Sie sind geteilt und bestehen aus vielen kleinen Blättchen. Die Blattstiele entspringen einer unterirdisch wachsenden Sprossachse, dem **Erdspross.** An ihm befinden sich auch die **Wurzeln.** Farne sind also in Spross und Wurzel gegliedert und gehören deshalb zu den *Sprosspflanzen.*
Farne gehören ebenso wie Moose zu den **Sporenpflanzen.** Auf der Unterseite der Farnblätter bilden sich im Sommer *Schleier.* Sie bestehen aus mehreren *Sporenkapseln,* die aufplatzen, wenn die *Sporen* herangereift sind. Die Sporen fallen auf den feuchten Waldboden. Aus jeder Spore wächst ein fingernagelgroßes, herzförmiges Gebilde, der *Vorkeim.* Auf seiner Unterseite bilden sich in den männlichen Geschlechtsorganen begeißelte männliche Geschlechtszellen („Schwärmer"). In den weiblichen Geschlechtsorganen entstehen Eizellen. In einem Wassertropfen kann eine männliche Geschlechtszelle zur Eizelle schwimmen und beide verschmelzen dann miteinander. Aus der befruchteten Eizelle wächst eine neue Farnpflanze. Eine solche Entwicklung bezeichnet man auch als **Generationswechsel.**

> Farne besitzen einen Erdspross mit Wurzeln und große, meist geteilte Blätter, die Wedel heißen. Sie sind Sporenpflanzen.

1 Welche Ergänzung am Erschließungsfeld „Fortpflanzung" kannst du nach dem Kennenlernen der Moose und Farne vornehmen?

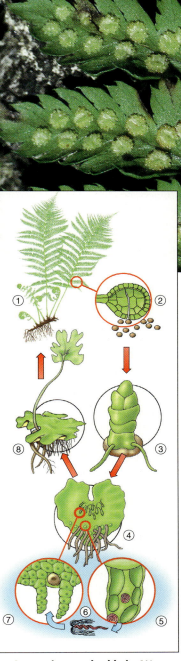

2 Generationswechsel beim Wurmfarn. ① Farnpflanze, ② Freisetzen der Sporen, ③ auskeimende Spore, ④ Vorkeim von unten, ⑤ männliches Geschlechtsorgan mit Schwärmern, ⑥ schwimmender Schwärmer, ⑦ weibliches Geschlechtsorgan mit Eizelle, ⑧ junge Farnpflanze

1.9 Tiere – angepasst an den Lebensraum Wald

Wenn du an Tiere des Waldes denkst, dann fallen dir vielleicht Arten wie *Reh, Fuchs, Eichhörnchen* und *Wildschwein* ein. Ein Wald ist jedoch ein Lebensraum für Tausende unterschiedlicher großer und kleiner Tierarten. Hättest du vermutet, dass zum Beispiel von einer einzigen alten Stiel-Eiche über 6000 Tierarten abhängen? Gehen wir auf einen solchen Baum zu und betrachten ihn näher. Die Blätter der Stiel-Eiche bedeuten für viele Insekten Nahrung und Lebensraum. Die Raupen des *Eichenwicklers* zum Beispiel ernähren sich ausschließlich von jungen Eichenblättern. In manchen Jahren sind es so viele Raupen, dass sie den Baum völlig kahl fressen. Zu dieser Zeit ziehen gerade viele Singvögel ihr Jungen groß. *Trauerschnäpper, Kohlmeisen* und *Blaumeisen* füttern ihre Nachkommen zum Teil mit diesen Raupen. Aber auch Maikäfer trennen mit ihren beißenden Mundwerkzeugen Blattteile ab und fressen diese. Als *Engerlinge* lebten sie im Bereich der Wurzeln der Stiel-Eiche und ernährten sich von ihnen.

Beim genauen Hinsehen entdeckst du auf dem Eichenlaub kugelförmige Gebilde, die Gallen. Hier haben vor einiger Zeit *Eichengallwespen* die Blätter angestochen und ihre Eier in das Blattinnere abgelegt. Die Stiel-Eiche hat darauf reagiert und um die Eier ein kugelförmiges Gewebe gebildet. So können sich geschützt vor schädlichen Einflüssen aus den Eiern die Larven der Wespen entwickeln.

Im dichten Wurzelgeflecht hat die Waldmaus ihren Bau. In größeren Höhlen unter dem Wurzelwerk kann aber auch ein Dachs seinen Bau graben.

Im Herbst sind besonders die Früchte der Stiel-Eiche, die Eicheln, eine begehrte Nahrung für viele Tiere. Der *Eichelhäher* holt sie direkt vom Baum. *Wildschweine, Rehe* und *Hirsche* „mästen" sich an den Eicheln, die zu Boden gefallen sind. Eicheln gehören auch zur Nahrung der Eichhörnchen. Viele der Früchte werden von den Eichhörnchen als Wintervorrat vergraben. Da sie nur einen kleinen Teil davon wieder finden, tragen sie dazu bei, dass neue Bäume wachsen können.

Die Eiche bedeutet für die Tiere jedoch nicht nur eine Nahrungsquelle. Im Baum befindet sich das Nest des Eichhörnchens, der Kobel. Dort zieht es die Jungen auf und verbringt den Winter. Der *Mäusebussard* hat in einer Astgabel seinen Horst angelegt und versorgt dort seine Nachkommen.

Der Baumstamm weist einige kreisrunde „Löcher" auf, die in das Stamminnere führen. Hier waren *Spechte* am Werk. Mit ihrem harten, meißelartigen Schnabel haben sie ihre Bruthöhlen tief in den Stamm getrieben. Dort werden die Jungen aufgezogen und hauptsächlich mit Insekten und anderen Kleintieren gefüttert. Diese holen die Spechte mithilfe des Schnabels und der langen Zunge aus den Ritzen der Borke. In den

1 Lebensraum Stiel-Eiche

Bruthöhlen können dann im nächsten Jahr andere Vogelarten wie *Star* und *Kleiber* nisten. Auch *Fledermäuse* suchen tagsüber solche Höhlen als Ruheplatz auf. Dort hängen sie kopfüber und warten auf die Dunkelheit, in der sie auf Jagd gehen.

Der Baumstamm bietet aber bei weitem nicht nur Spechten und anderen Höhlenbrütern einen Lebensraum. Tagsüber können sich im dichten Blätterdach Eulen aufhalten, die dann im Schutz der Nacht auf Jagd gehen.

In den Ritzen der Borke leben viele Kleininsekten und Spinnen. Sie bilden die Hauptnahrung des *Kleibers*. Diesem Vogel gelingt es, am Baumstamm kopfunter zu klettern. Dabei hält er sich mit seinen starken Krallen an der Borke fest. Mit dem kräftigen Schnabel bricht er kleine Borkenstücke heraus und vertilgt die dahinter lebenden Kleintiere. Von diesen Tieren lebt auch ein anderer Klettervogel, der *Baumläufer*. Du erkennst diesen Vogel daran, dass er ruckartig in Spiralen den Stamm emporklettert. Mit seinem feinen, pinzettenartigen und gekrümmten Schnabel zieht er die Nahrung auch aus den feinsten Ritzen der Borke. Dieser kleine Vogel legt sogar hinter abstehenden Rindenstücken sein Nest an.

Im Sonnenlicht fallen am Stamm glänzende Spuren auf, die bis weit über den Erdboden reichen können. Hier haben in den frühen Morgenstunden und bei feuchter Witterung Schnecken ihre Spuren hinterlassen. Sie weiden die Algenteppiche ab, die als kaum sichtbarer grüner Belag den Baumstamm überziehen. Zwischen den Blättern und Ästen bauen viele Spinnen ihre Netze und fangen hier Insekten.

Wie ist es möglich, dass alle diese Tiere auf dem begrenzten Raum eines Baumes leben können? Wir haben an den wenigen Beispielen gesehen, dass die verschiedenen Tierarten unterschiedliche Bereiche des Baumes wie Borke, Stamm, Krone oder Wurzeln als Wohnraum und Nahrungsquelle nutzen. So behindern sie sich nicht gegenseitig.

> Mit einer ausgewachsenen Stiel-Eiche stehen etwa 6000 Tierarten in Verbindung. Sie nutzen unterschiedliche Bereiche des Baumes.

1 Im Lebensraum Stiel-Eiche findet man verschiedene Tiere. Ordne den Ziffern die folgenden Artnamen zu: Fuchs, Dachs, Waldmaus, Wildschwein, Baummarder, Eichhörnchen, Eichenwickler, Eichengallwespe, Buntspecht, Eule, Eichelhäher, Maikäfer, Schnecke und Kleiber.

2 Finde heraus, welche Bedeutung die Stiel-Eiche für die in der Abbildung dargestellten Tiere hat. Erläutere einzelne Beispiele.

HEIMISCHE WILDTIERE

Eichhörnchen

Körperlänge: 20 - 25 cm
Lebensraum: Wälder, Parkanlagen und baumbestandene Gärten
Lebensweise: frisst überwiegend pflanzliche Nahrung, gelegentlich auch Eier und Jungvögel; Baumbewohner, legt Nester (Kobel) in Bäumen an
Fortpflanzung: Nagetier; zweimal jährlich 3 - 7 Junge, Nesthocker

Wildschwein

Körperlänge: 100 - 150 cm
Lebensraum: Wälder mit Teichen und Morästen
Lebensweise: überwiegend nächtlich; Allesfresser; lebt in Familienverbänden (Rotten); alte Männchen meist einzeln
Fortpflanzung: ein- bis zweimal im Jahr 4 - 8 Junge

Waldspitzmaus

Körperlänge: 9 -13 cm
Lebensraum: Wälder, Gärten, Wiesen
Lebensweise: Tag und Nacht aktiv; Insektenfresser; Nester in Baumstümpfen oder unterirdisch
Fortpflanzung: mehrere Würfe pro Jahr

Igel

Körperlänge: 22 - 28 cm
Lebensraum: lichte Wälder, Hecken, Gebüsche, Parks und Gärten
Lebensweise: Dämmerungs- und Nachttier; frisst Insekten, Schnecken, Mäuse, auch pflanzliche Nahrung; rollt sich bei Gefahr zusammen
Fortpflanzung: zweimal 4 - 6 Junge pro Jahr

Rothirsch

Körperlänge: 160 - 250 cm
Lebensraum: große, zusammenhängende Waldgebiete
Lebensweise: Pflanzenfresser; bildet nach Geschlechtern getrennte Rudel
Fortpflanzung: im Herbst schart ein starker Hirsch viele Weibchen um sich; 1 - 2 Junge pro Jahr

Baummarder

Körperlänge: 40 - 50 cm
Lebensraum: dichte Wälder
Lebensweise: Dämmerungs- und Nachttier; Raubtier, frisst oft Eichhörnchen; Nester in Baumhöhlen oder Eichhörnchenkobeln
Fortpflanzung: 3 - 4 Junge pro Jahr; Nesthocker

Wildtiere erkennen

A1 Am Gebiss erkennst du die Ernährungsweise

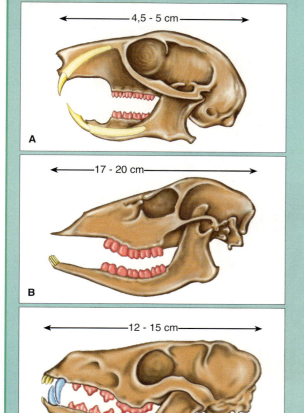

A — 4,5 - 5 cm

B — 17 - 20 cm

C — 12 - 15 cm

D — 5 - 6 cm

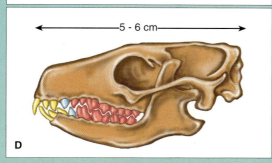

Die Abbildungen A–D zeigen die Gebisse von Reh, Fuchs, Eichhörnchen und Igel. Ordne den Tieren die Gebisse zu und begründe. Denke dabei an Pflanzenfresser, Insektenfresser, Nagetiere und Raubtiere.

A2 Trittsiegel und Fährten heimischer Wildtiere

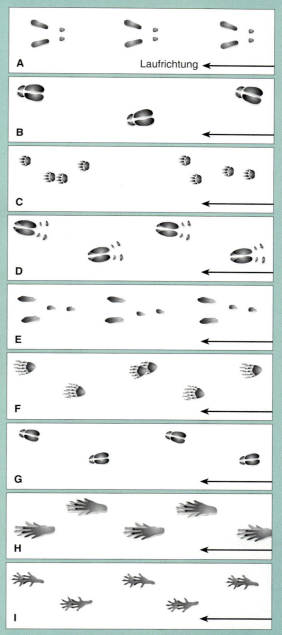

A — Laufrichtung

B

C

D

E

F

G

H

I

Finde mithilfe der Pinnwand Seite 36 und der Seiten 40 und 41 heraus, welche Tiere hier Fußspuren hinterlassen haben.

1.10 Zwischen den Lebewesen des Waldes bestehen vielfältige Beziehungen

Im Mai führt uns unser Weg in einen Eichenwald. Als wir den Waldrand erreichen, vernehmen wir ein leises Rieseln. Man könnte meinen, es regnet. Da aber keine Wolke am Himmel zu erkennen ist, muss es dafür andere Gründe geben. Und tatsächlich, als wir den Wald betreten, sehen wir zahllose kleine, grüne Raupen an den Blättern der Eichen fressen. Ihr Kot, der wie feiner Regen auf Laubblätter fällt und dann zu Boden rieselt, verursacht dieses Geräusch. Einige Blätter sind schon fast aufgefressen und hängen wie Gerippe am Baum. Es sind die Raupen des *Eichenwicklers*. Er hat im Herbst Eier abgelegt, aus denen im Frühjahr die Raupen geschlüpft sind. Nun fressen sie ununterbrochen und nehmen rasch an Größe zu. Wenn sie ausgewachsen sind, weben sie mithilfe ihres Spinnfadens einen Kokon und verpuppen sich. In dieser Ruhephase durchleben sie eine erstaunliche Verwandlung. Aus der Raupe entsteht ein grüner Schmetterling. Während wir die Raupen beobachten, entwickelt sich etwas weiter von uns entfernt ein reges Treiben. Verschiedene Vögel, vor allem *Fliegenschnäpper* und *Meisen*, fliegen immer wieder zu den Eichenzweigen, picken auf den Blättern herum und entfernen sich.

Sie sammeln die Raupen ein, um damit ihre Jungen zu füttern. In den Nestern von über 35 Vogelarten fand man schon Raupen des Eichenwicklers. Sie sind also eine begehrte Nahrung. Aber auch Meisen, Fliegenschnäpper und andere kleine Vögel können schnell zur Beute werden. Der *Sperber,* ein taubengroßer Greifvogel, kann sie erjagen. Mit schnellen Flügelschlägen streicht er, auf der Suche nach Beute, am Waldrand entlang. Hat er einen Vogel aufgescheucht, greift er sich diesen im Flug und verschwindet mit seiner Beute im Geäst. Der Sperber hat in unseren Wäldern nur wenige natürliche Fressfeinde. Dazu gehört der *Baummarder*. Mit seinen scharfen Krallen klettert er wendig an Baumstämmen hoch, balanciert auf dünnen Ästen und wagt bis zu 3 Meter weite Sprünge. So gelangt er auch in die höchsten Baumkronen. Dort stöbert er mithilfe seiner ausgezeichneten Sinne sogar gut versteckte Sperberhorste auf und raubt Eier oder Jungvögel.

Es wird deutlich, dass zwischen den Lebewesen des Waldes Nahrungsbeziehungen bestehen. Die einfachsten bezeichnet man als **Nahrungsketten.** Am Anfang steht dabei immer eine grüne Pflanze, weil nur sie aus Wasser und Kohlenstoffdioxid mithilfe des Sonnenlichtes Nährstoffe wie Traubenzucker und Stärke herstellen kann. Diese Nährstoffe sind Nahrungsgrundlage für die meisten anderen Lebewesen. Deshalb werden grüne Pflanzen auch als **Erzeuger** bezeichnet. Alle nach-

1 Nahrungskette.
A Eichenblatt; **B** Raupe
des Eichenwicklers;
C Fliegenschnäpper;
D Sperber; **E** Baummarder

folgenden Glieder einer Nahrungskette können selbst keine Nährstoffe herstellen. Sie müssen also mit der Nahrung aufgenommen werden. Man bezeichnet Lebewesen, die sich so ernähren, als **Verbraucher.**

Die ersten Verbraucher sind Pflanzenfresser wie *Hasen, Rehe,* einige *Vögel* und viele *Insekten.* Sie heißen **Erstverbraucher,** weil sie die in den Pflanzen gebildeten Nährstoffe direkt aufnehmen. Von ihnen ernähren sich Fleischfresser wie *Marder, Fuchs,* viele *Sing-* und alle *Greifvögel.* Frisst ein Fliegenschnäpper z. B. eine Raupe, so ist er **Zweitverbraucher.** Ein Sperber, der den Fliegenschnäpper erbeutet, ist dann ein **Drittverbraucher.** Das letzte Glied einer Nahrungskette wird auch als **Endverbraucher** bezeichnet.

In Wirklichkeit sind die Beziehungen zwischen den Lebewesen eines Waldes noch viel verzweigter. So ernährt sich der Fliegenschnäpper nicht nur von Raupen des Eichenwicklers, sondern auch von anderen Insekten und ihren Larven.

Die Nahrungskette Eichenblatt → Eichenwicklerraupe → Fliegenschnäpper → Sperber → Baummarder ist nur eine von vielen möglichen im Lebensraum Wald.

Die einzelnen Nahrungsketten sind so miteinander verknüpft, dass ein **Nahrungsnetz** entsteht. Solch eine Darstellung lässt ahnen, wie vielfältig und verzweigt die Beziehungen der Lebewesen untereinander in Wirklichkeit sind.

> Erschließungsfeld
> ## Wechselwirkung
> Zwischen den Lebewesen und ihrer Umwelt bestehen vielfältige Wechselwirkungen. Im Wald sind zum Beispiel alle Organismen über Nahrungsbeziehungen verknüpft. Dabei stehen grüne Pflanzen am Anfang aller Nahrungsketten. Sie bauen pflanzliche Biomasse auf und setzen Sauerstoff frei. Beides wird später von den Verbrauchern genutzt. Je vielfältiger der „Speisezettel" eines Tieres ist, umso mehr Wechselwirkungen ergeben sich zu den anderen Lebewesen. Wildschweine fressen zum Beispiel Wurzeln, Eicheln, Bucheckern, verschiedene Pflanzen, Schnecken, Mäuse und auch Aas.

> Zwischen den Lebewesen des Waldes bestehen Nahrungsbeziehungen. Die einfachsten sind Nahrungsketten. An ihrem Anfang steht eine grüne Pflanze als Erzeuger. Danach können mehrere Glieder von Verbrauchern folgen. Miteinander verknüpfte Nahrungsketten bilden ein Nahrungsnetz.

1 Erläutere, welche Folgen eintreten, wenn innerhalb einer Nahrungskette ein Glied ausfällt.
2 Wende das Erschließungsfeld „Wechselwirkung" auf das Nahrungsnetz in Abbildung 2 an.

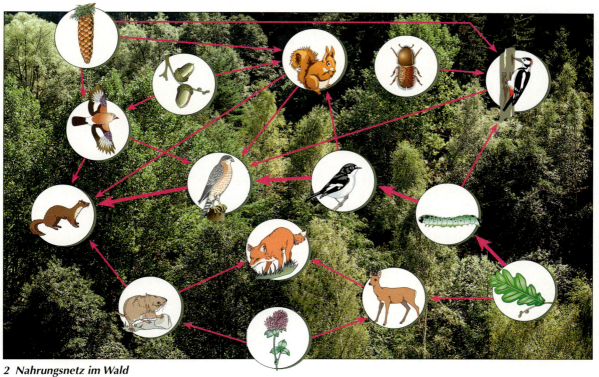

2 Nahrungsnetz im Wald

Übung   Wald

V1 Kleine Waldausstellung

Material: Rinde, Zweige, Blätter, Blüten oder Früchte; Bestimmungsbücher für Bäume und Sträucher; Zeichenkarton; Klebstoff
Durchführung: Sammle im Wald Material zu einem ausgewählten Baum oder Strauch. Klebe die einzelnen Teile auf den Karton und beschrifte sie.
Aufgabe: Gestalte zusammen mit den Collagen deiner Mitschüler und Mitschülerinnen eine Ausstellung.

V2 Wald-Memory

Material: Rinde, Blätter, Blüten, Früchte von verschiedenen Bäumen und Sträuchern; Jogurtbecher
Durchführung: Sammle von Bäumen und Sträuchern Material für das Memory. Das Material sollte jeweils doppelt vorliegen. Für die spätere Zuordnung eignen sich z.B. Blatt/Blatt, Blatt/Frucht, Knospe/Blatt, Rinde/Blüte … Verteile die einzelnen Objekte unter die Jogurtbecher, ohne dass dies die Mitschüler sehen. – *Spiel:* Der erste Spieler deckt zwei Becher auf. Findet er ein passendes Paar, darf er weitermachen, sonst ist der Nächste an der Reihe. Wer am Schluss die meisten Paare hat, ist Sieger.
Aufgabe: Präge dir beim Spiel Merkmale der Bäume und Sträucher ein.

V3 Einfache Bestandsaufnahmen im Wald

Material: Zeltpflöcke; Wäscheleinen; Bestimmungsbücher oder Tafeln für Waldpflanzen und Waldtiere
Durchführung: Stecke in einem Waldstück einen 2 m×2 m großen Bereich ab. Verwende dazu die Pflöcke und Leinen. Bestimme in diesem Gebiet mithilfe der Bestimmungsbücher die vorkommenden Pflanzen. Achte dabei auch auf Tiere.
Aufgaben: a) Trage deine Ergebnisse in eine Tabelle ein:

Schicht	Pflanzen			Tiere		
Moosschicht	×	×	×	×	×	×
Krautschicht	×	×	×	×	×	×
Strauchschicht	×	×	×	×	×	×
Baumschicht	×	×	×	×	×	×

b) Wiederhole die Untersuchungen wenn möglich in einem anderen Waldtyp oder am Waldrand. Vergleiche dann beide Artenlisten miteinander. Nenne Gründe für die Unterschiede.

V4 Bestimmung von Umweltfaktoren im Wald

Material: Luxmeter oder Belichtungsmesser vom Fotoapparat; Hygrometer; Thermometer; Bodenthermometer; Protokoll mit vorbereiteter Tabelle:

Standort	freie Fläche	Waldrand	im Wald
Temperatur	×	×	×
Bodentemperatur	×	×	×
Lichtwert	×	×	×
Luftfeuchtigkeit	×	×	×

Durchführung: Führe Lichtmessungen durch. Miss in etwa 1 m Höhe vom Boden bei gleicher Bedeckung des Himmels. Führe dann Temperaturmessungen durch und bestimme mit dem Hygrometer die Luftfeuchtigkeit. Gehe dabei vorsichtig mit den Messgeräten um. Stecke das Bodenthermometer etwa 10 cm tief in den Boden und stelle die Bodentemperatur fest.
Aufgabe: a) Ermittle an den oben genannten Standorten Messwerte für Luft- und Bodentemperatur, Helligkeit und Luftfeuchtigkeit und trage die Werte in die Tabelle ein.
b) Nenne Gründe für die unterschiedlichen Messergebnisse an den drei Standorten.

V5 Sporenbilder von Pilzen

Material: verschiedene Hutpilze z.B. Marone und Champignon; Messer; Zeichenkarton; selbstklebende durchsichtige Folie
Durchführung: Schneide von einem Hutpilz den Stiel ab. Lege den Hut mit der Unterseite auf ein Blatt Zeichenkarton. Nimm den Hut am nächsten Tag vorsichtig vom Papier. Das entstandene Sporenbild kann mit der Folie überzogen werden.
Aufgabe: Stelle Sporenbilder verschiedener Pilze her. Vergleiche dann das Sporenbild eines Röhrenpilzes mit dem eines Blätterpilzes.

Reh   Wildschwein   Hase

V 6 Bestimmung der Baumhöhe

Material: gerader Stock, ca. 1 Meter lang; Bandmaß; Stift; ein Helfer

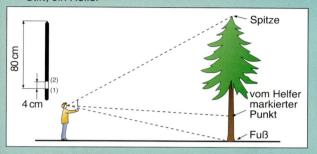

Durchführung: Miss von der Stockspitze 80 cm ab und markiere diese Stelle mit dem Stift (Markierung 1). 4 cm von diesem Punkt Richtung Stockspitze markierst du einen weiteren Punkt (2).
Strecke den Arm aus und halte den Stock senkrecht. Suche dir ein Stück vom Baum entfernt einen Standpunkt, von dem du genau über die Stockspitze die Baumspitze siehst und von Markierung 1 aus den Fuß des Baumes. Schaue nun an der Markierung 2 vorbei auf den Baumstamm. Lass den Helfer seinen Daumen genau auf die Stelle am Baum legen, auf die du schaust. Miss nun die Entfernung zwischen dieser Stelle und dem Fuß des Baumes.
Dieses Ergebnis musst du mit 20 malnehmen. Dann hast du die Höhe des Baumes ermittelt.
Aufgabe: Bestimme die Höhe verschiedener Bäume.

V 7 Spuren im Wald

Material: Gläser zum Sammeln; Zeichenmaterial oder Fotoapparat
Durchführung: Suche im Wald nach verschiedenen Spuren, die Tiere hinterlassen haben. Das können Fraßspuren, Trittspuren, Federn u. a. sein. Sammle die verschiedenen Dinge ein, zeichne oder fotografiere sie.
Aufgaben: a) Versuche mithilfe der Abbildungen herauszufinden, wer diese Spuren hinterlassen hat.
b) Ordne die abgebildeten Zapfen den Tieren richtig zu. Nutze dazu die folgenden Beschreibungen:
- *Eichhörnchen:* Die Schuppen werden von unten her nacheinander abgerissen. Am Zapfenende bleiben einige Schuppen stehen.

- *Waldmaus:* Gleichmäßig glatt abgenagter Zapfen. Am Zapfenende bleiben keine oder wenige Schuppen stehen.
- *Buntspecht:* Der Zapfen wird zerhackt, um an die Samen zu kommen.

Losung

Rothirsch — Reh — Damhirsch — Feldhase — Fuchs — Wildkaninchen — Marder

Fraßspuren an Haselnüssen

Eichhörnchen — Specht — Waldmaus — Kohlmeise — Rötelmaus

Gewölle einer Eule

Gallen, hervorgerufen durch Gallwespen

Fraßspuren an Fichtenzapfen

A   B   C

Methode   # Eine Sammlung anlegen

Möchtest du zu einem Thema eine Sammlung anlegen, brauchst du bestimmte Hilfsmittel. Planst du beispielsweise eine Sammlung zum Thema „Spuren im Wald", gehören Tüten, Bleistift, Papier, Bestimmungsbücher, Wanderkarten, Fotoapparat und Lupe zu deiner Ausrüstung. Mache dir zu jedem Fund Notizen, zum Beispiel wann und wo du ihn gefunden hast. Deine Sammlung kann durch Fotos oder Zeichnungen, beispielsweise von geschützten Pflanzen und Tieren, ergänzt werden. Du kannst die Gegenstände, die du gefunden hast, in einem Schaukasten sammeln. Für Pflanzen eignet sich gut ein Herbarium. Dazu müssen die Pflanzen gepresst werden. Denke daran, dass die Gegenstände in deiner Sammlung übersichtlich angeordnet und gut beschriftet sein müssen.

Stieleiche
Fundort: Ihringen
Datum: 05.06.04
Blattmerkmale: ungleich gebuchtetes Blatt mit kurzem Blattstiel
Besonderheit: Eicheln dienen vielen Tieren als Nahrung

Eberesche
Fundort: Ihringen
Datum: 10.07.04
Blattmerkmale: gefiedertes Blatt
Besonderheit: rote Beeren

Hast du Pflanzen gesammelt und möchtest sie für ein **Herbarium** pressen, lege sie sorgfältig ausgebreitet zwischen mehrere Seiten Lösch- oder Zeitungspapier. Damit du dich später noch an Fundort, Namen und Datum erinnern kannst, beschrifte einen Zettel mit den Angaben und lege ihn zu den jeweiligen Pflanzen. Beschwere den Papierstapel mit Büchern. Verwende anfangs nur wenige Bücher, später mehr. Je langsamer die Pflanzen gepresst werden, umso schöner erhält sich ihre Farbe.

Nach zwei Wochen kannst du die gepressten Pflanzen aufkleben, zum Beispiel auf Zeichenkarton, und in einen Ordner heften. Klebe auf jede Seite nur eine Pflanze und beschrifte sie sorgfältig mit Namen, Fundort, Datum und besonderen Merkmalen.

In einem **Schaukasten** kannst du zum Thema „Spurensuche im Wald" von Insekten angefressene Bucheckern, Holzstücke mit Fraßspuren von Borkenkäfern, von Eichhörnchen angenagte Zapfen und von Eichelhähern zerhackte Haselnüsse ausstellen. Auch Fotos von Spuren im Schnee, Eulengewöllen oder von angebissenen Sträuchern passen dazu.

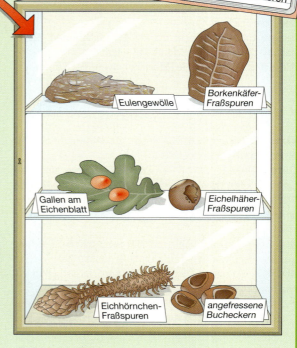

Eulengewölle
Borkenkäfer-Fraßspuren
Gallen am Eichenblatt
Eichelhäher-Fraßspuren
Eichhörnchen-Fraßspuren
angefressene Bucheckern

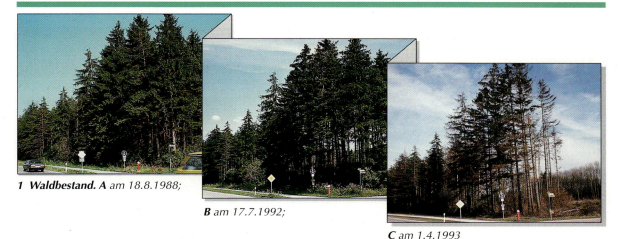

1 **Waldbestand. A** *am 18.8.1988;*

B *am 17.7.1992;*

C *am 1.4.1993*

1.11 Wälder sind gefährdet

Wenn du dir die Abbildung 1 anschaust, stellst du sicher fest, dass dieser Wald im Laufe der Jahre stark geschädigt wurde. Vielleicht hast du schon etwas vom **Waldsterben** gehört. Aber warum stirbt ein Wald.

Vielfach werden die Erkrankungen der Bäume durch Luftschadstoffe verursacht. Dazu gehören zum Beispiel *Rauchgase* aus Kohlekraftwerken und andere Industrieabgase. Aber auch die Abgase aus Autos und Flugzeugen tragen zur Luftverschmutzung bei. Bei der Verbrennung von Erdöl, Erdgas und Kohle und von deren Produkten wie Benzin und Diesel bilden sich viele verschiedene Gase. Wenn sich diese Gase in der Luft mit dem Wasser der Wolken und mit der Luftfeuchtigkeit verbinden, entsteht der **saure Regen.** Saurer Regen wird als eine der Hauptursachen des Waldsterbens angesehen. Eine wichtige Maßnahme gegen den Sauren Regen ist die Verwendung von Katalysatoren in Kraftfahrzeugen und von Abgasfiltern in Öl- und Kohlekraftwerken. Diese vermindern den Ausstoß von schädlichen Gasen.

Da vor allem bei der Energiegewinnung aus Öl und Kohle viele gefährliche Gase entstehen, kann man durch Energieeinsparung das Waldsterben vermindern.

Andere Waldschäden sind leicht zu erkennen, so zum Beispiel Brandschäden, Wind- und Schneebrüche und Schäden durch Insektenbefall. Der **Fichtenborkenkäfer** ist ein gefährlicher Waldschädling, der an sich nur krankes und totes Holz befällt. Sind in einem Fichtenforst die Bäume jedoch geschädigt oder gab es durch Wind- oder Schneebruch viele tote Bäume, so vermehrt er sich so stark, dass er dann auch gesunde Bäume befällt.

Da durch **Waldbrände** jedes Jahr große Schäden in unseren Wäldern entstehen, sollte man bei Wanderungen stets die Hinweisschilder zur Waldbrandgefahr beachten und auf jeden Fall das Rauchen und den Umgang mit Feuer im Wald unterlassen. Auch Müll, wie weggeworfene Gläser, hat im Wald nichts zu suchen.

> Saurer Regen ist eine Hauptursache des Waldsterbens. Waldbrände und Schädlingsbefall stellen ebenfalls große Gefahren für den Wald dar.

1 Wende das Erschließungsfeld „Wechselwirkung" auf das Waldsterben an.

2 **Borkenkäfer.**
A *Fraßbild;* **B** *Käfer*

3 **Wald nach einem Waldbrand**

Pinnwand

BELASTUNGEN DES WALDES

So entsteht Saurer Regen

Schwefeldioxid Stickoxide → Transport → Schweflige Säure, Salpetersäure → Schädigung der Nadeln und Blätter → Versauerung des Bodens → Auswaschen von Nährstoffen, Freisetzen giftiger Schwermetall-Ionen / Wurzelschädigung, Schädigung der Bodenorganismen

1 Erläutere Ursachen und Folgen des sauren Regens mithilfe der Grafik.

2 Informiere dich über die Waldschäden in Sachsen. Nutze dazu z. B. den aktuellen Waldzustandsbericht. Stelle die Werte von 2003 und deine aktuellen Zahlen mithilfe eines Grafikprogramms als Kreisdiagramm dar. Vergleiche beide Diagramme.

Schäden durch Wildverbiss

Rehe und Hirsche haben sich in den letzten 20 Jahren stark vermehrt. Dabei stieg die Zahl der Rehe in manchen Gebieten bis auf das 10-fache. Rehe fressen besonders gern Knospen und Triebe junger Bäume. Dadurch entstehen jedes Jahr Verbissschäden in Millionenhöhe. Im Winter schälen Hirsche bei Nahrungsknappheit Baumrinde ab. An den beschädigten Stellen kann ein Pilz eindringen. Der Baum erkrankt dann an Rotfäule und wird zerstört.

Waldschäden in Sachsen 2003 (Angaben in %)

Wuchsgebiet	Schadstufen		
	0	1	2 bis 4
Mittleres nordostdeutsches Altmoränenland Düben-Niederlausitzer Altmoränenland	37	52	11
Sächsisch-Thüringisches Löss-Hügelland	40	44	16
Westlausitzer Platte und Elbtalzone Lausitzer Löss-Hügelland	41	46	13
Elbsandsteingebirge, Oberlausitzer Bergland, Zittauer Gebirge	36	50	14
Vogtland	66	28	6
Erzgebirge	31	49	20
Sachsen gesamt	**37**	**48**	**15**

0 = ohne Schadmerkmale; 1= gering geschädigt;
2 bis 4 = deutlich geschädigt

Waldrodungen

Häufig werden Straßen-, Schienentrassen und Fernleitungen durch zusammenhängende Waldgebiete gelegt. Sie zerstückeln die Wälder. Die Vernetzung des Ökosystems wird unterbrochen. Die Restflächen sind oft zu klein, um zum Beispiel Staub und Schadstoffe zu filtern.

Raubbau am Wald

Obwohl der Maler des nebenstehenden Bildes wahrscheinlich nur eine schöne Landschaft darstellen wollte, hat er uns unbewusst ein großes Problem seiner Zeit, des 17. Jahrhunderts, vermittelt. Wir sehen einen Wald mit alten Bäumen, in dem viele Tiere weiden und das ganze Unterholz abgefressen haben. Auch in vergangenen Jahrhunderten war der Wald also keine unberührte Natur mehr. Mit dem Beginn der großen Waldrodungen im Mittelalter begann in Mitteleuropa eine Phase der intensiven Waldnutzung durch den Menschen.

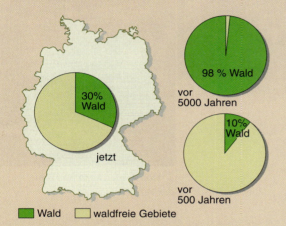

■ Wald □ waldfreie Gebiete

1 Bewaldung des Gebietes der Bundesrepublik

Man benötigte Bau- und Brennholz für neue Siedlungen und rodete ihn, um Flächen für die Landwirtschaft zu gewinnen. Um Erze zu verhütten und Glas herzustellen, wurde Holz zu Holzkohle verarbeitet. Auch zum Salzsieden und zum Brennen von Ziegeln und Keramik brauchte man Holz. Aber auch die Wälder, die die Menschen nicht rodeten, nutzten sie. Viele Tiere wie Schweine, Rinder, Schafe und Ziegen wurden zum Weiden in den Wald getrieben Die Menschen betrieben *Waldweidewirtschaft*. Die Tiere fraßen viele junge Pflanzen und die für sie erreichbaren Blätter der Bäume ab. Dadurch konnte kein junges Holz nachwachsen. Daneben verwendete man Blätter und Nadeln als Einstreu für die Tierställe. So verschwand immer mehr Wald und es entstanden große Heidelandschaften. Erst zu Beginn des 19. Jahrhunderts wurde diese Ausbeutung des Waldes durch Gesetze beendet und mit der Aufforstung von Wäldern begonnen. So konnte sich der Wald in Mitteleuropa langsam wieder erholen.

2 Ansicht eines Waldes im 17. Jahrhundert

Auch heute nimmt die Waldfläche auf der Erde immer mehr ab. Viele Menschen, die auf der Suche nach Land sind, um Landwirtschaft zu betreiben und dadurch ihre Familien zu ernähren, dringen in die Regenwälder ein und roden dort große Waldflächen, zum Teil durch Abbrennen. Dadurch entstehen oft ausgedehnte Waldbrände, die vor allem in den tropischen Regenwäldern Südamerikas und Südostasiens große Waldflächen vernichten.

Aber auch wir sind nicht unschuldig daran, dass viele Waldgebiete verschwinden. Viele Tropenhölzer werden in der Möbelindustrie verwendet. Für unseren großen Papierverbrauch holzt man viele Waldgebiete in den Tropen, in Kanada, Skandinavien und Russland ab.

3 Brandrodung im Regenwald

1 Wälder bestimmen das Bild einer Landschaft

Luft bleibt kühl. Die Bäume halten Staub und Wind zurück. Außerdem bilden sie den für uns lebenswichtigen Sauerstoff. Doch der Wald erfüllt noch andere Aufgaben in der Natur. Bei Regen halten die Bäume mit ihren Blättern das Regenwasser zunächst zurück. Dann lassen sie es langsam zum Boden durchdringen. Nach einem Regen bleibt der Waldboden lange feucht,

2 Wälder dienen der Erholung

3 Moose speichern im Wald das Wasser

1.12 Bedeutung des Waldes für den Menschen

Vielleicht weißt du noch, wie angenehm es war, als du an einem heißen Sommertag von einem staubigen Feldweg oder einer vor Hitze flimmernden Straße in einen Wald hineinkamst? Sicher war es erfrischend, in den kühlen, schattigen Wald einzutreten und die reine Luft zu atmen. Wenn im Winter ein eisiger Wind über die Felder pfiff, warst du wahrscheinlich froh, einen schützenden Wald zu erreichen, der den Wind abhielt, auch wenn die Bäume kein Laub mehr trugen.

Viele Wirkungen des Waldes hast du schon unbewusst erlebt. Der Wald bietet im Sommer Schatten und die

da die Moose viel Wasser speichern können und es nur langsam an die Luft oder an den Boden abgeben. Das dichte Blätterdach des Waldes verhindert zusätzlich, dass das Wasser zu schnell verdunstet. Auf einem freien Feld spült ein kräftiger Regen häufig viel wertvollen Boden weg. Das Wasser versickert kaum, sondern fließt oberirdisch ab und hinterlässt tiefe Rinnen. Dadurch gelangt viel weniger Regenwasser ins Grundwasser. Im Wald halten die Wurzeln der Pflanzen den Boden fest und die Moose lassen das Oberflächenwasser nur langsam ins Grundwasser versickern. Wenn an steilen Hängen im Gebirge die Bäume gerodet und die Wurzeln entfernt werden, um zum Beispiel Skipisten anzulegen, kommt es häufig zum Abrutschen ganzer Berghänge.

Der Wald hat aber auch wirtschaftliche Bedeutung für den Menschen. Viele unserer Wälder entsprechen kaum mehr den Wäldern, die vor 5000 Jahren unser Gebiet bedeckten. Es sind Forste, vom Menschen angelegte „Felder" mit Bäumen, die er pflegt und nach einer bestimmten Zeit „erntet". Da diese Wälder meist nur aus einer Baumart bestehen, nennt man sie auch *Monokulturen* (griechisch: mono = eins).

Holz wird heute nur noch selten als Brennholz verwendet. Als Baustoff zum Bau von Häusern, als Werkstoff

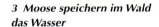

4 Holzeinschlag

für die Möbelindustrie und zur Papierherstellung wird Holz jedoch in großen Mengen benötigt. Das machte es erforderlich, solche Forste anzulegen. Sie haben den Vorteil, dass alle Bäume gleich alt und fast gleich groß sind und deshalb auch alle zur gleichen Zeit geschlagen werden können. Dabei kann man mit großen Maschinen arbeiten und spart Zeit. Wollte man die entsprechenden Bäume aus einem Mischwald herausschlagen, benötigte man viel mehr Zeit und Muskelkraft, da man hier keine großen Geräte einsetzen könnte.

Forste haben aber auch Nachteile. In einem Wald mit nur einer Baumart im gleichen Alter gibt es kaum Unterholz und keine alten, abgestorbenen Bäume, die auf dem Boden verfaulen. Unterholz und Reste von alten Bäumen sind jedoch wichtige Lebensräume für viele andere Lebewesen wie Schnecken, Spinnen und Käfer. Deshalb gibt es in Forsten auch viel weniger Tier- und Pflanzenarten als in natürlichen

5 Abgerutschter Berghang in den Alpen

6 Wurzeln halten das Erdreich fest

> Der Wald liefert Sauerstoff, filtert Staub aus der Luft und kühlt diese ab, speichert Wasser und verhindert die Bodenabtragung durch Wind und Regen. Er ist ein wichtiger Rohstofflieferant. Der Mensch findet in ihm Entspannung und Erholung.

1 Nenne essbare Beeren und Pilze, die man im Wald sammeln kann. Wozu können diese verwendet werden?

2 Warum gibt es in einem Forst weniger Tier- und Pflanzenarten als in einem natürlichen Mischwald?

3 Beurteile die Bedeutung des Waldes für den Menschen. Nutze auch die Abbildung 8.

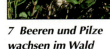

7 Beeren und Pilze wachsen im Wald

Wäldern. Forste haben auch den Nachteil, dass sich Schädlinge, wie zum Beispiel der Borkenkäfer, viel schneller ausbreiten und große Schäden anrichten können. Wird ein Forst, dessen Bäume groß genug sind, abgeholzt, so bedeutet das für viele Tiere und Pflanzen in diesem Gebiet den Tod.

Viele Menschen nutzen den Wald zur Erholung. Einige wollen aber nicht nur wandern, sondern suchen die „Früchte des Waldes". Vor allem im Herbst kann man überall Menschen mit Körben auf der Suche nach essbaren Pilzen und Beeren antreffen.

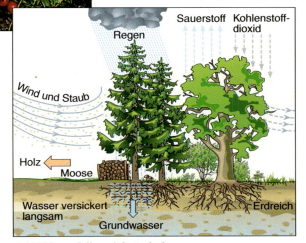

8 Wälder erfüllen viele Aufgaben

1 Monokultur in Deutschland

2 „Urwald" in Deutschland

1.13 Forstwirtschaft im Wandel

Beim Spaziergang durch ein Waldgebiet fallen oft regelmäßig angeordnete Bäume auf. Die Wälder, wie wir sie heute in Mitteleuropa kennen, sind **Wirtschaftswälder**. Sie entwickelten sich in einem Zeitraum von etwa 2000 Jahren durch den Eingriff des Menschen.

Urwälder gibt es in Deutschland heute nicht mehr. Durch unkontrollierte Holzentnahme und Beweidung wurden die einst natürlich gewachsenen Wälder stark verändert. So sind heute nur noch 27% der Fläche Sachsens von Wald bedeckt. Vor etwa 200 Jahren stand die Bevölkerung daher knapp vor einer Holznot. Aus dieser Notsituation heraus entstand das Konzept der Nachhaltigkeit als Wirtschaftsprinzip in der Forstwirtschaft.

Stichwort
Nachhaltigkeit

Unter Nachhaltigkeit versteht man ein Wirtschaftsprinzip, das mit den natürlichen Ressourcen der Welt so verantwortungsbewusst umgeht, dass sie den nachfolgenden Generationen in gleicher Qualität und Quantität zur Verfügung stehen.

Zunächst durfte nicht mehr Holz genutzt werden, als nachwuchs. Auch großflächige Kahlschläge wurden vermieden. Heute entnimmt man dem Wald nicht mehr als zwei Drittel des nutzbaren Holzzuwachses.

In der modernen **nachhaltigen Forstwirtschaft** wird versucht, die Funktionen des Waldes dauerhaft zu erhalten und zu verbessern. Die Wirtschaftlichkeit steht dabei

aber nach wie vor im Vordergrund. Förster achten allerdings darauf, dass bei der Holzernte *bestands- und bodenschonende Techniken* angewandt werden.

Früher waren unsere Wirtschaftswälder reine *Monokulturen*. Typisch für diese artenarmen Wälder ist eine geringe Widerstandsfähigkeit gegenüber Umwelteinflüssen. Durch gezieltes Pflanzen erwünschter Baumarten werden Monokulturen nach und nach in stabile und artenreiche Wälder umgewandelt. Wachsen aus den Samen neue Bäume, spricht der Förster von *natürlicher Verjüngung*. Eine solche Verjüngung wurde in Sachsen seit 1994 auf 8000 ha vorgenommen.

Auch Wildtiere sind ein Teil des Ökosystems Wald. Gibt es allerdings zu viele, schaden sie durch übermäßigen Verbiss den jungen Bäumen. Da natürliche Feinde fehlen, kommt der **Jagd** eine wichtige Bedeutung zu.

Nachhaltige Forstwirtschaft ist eine Wirtschaftsweise, die den Wald nutzt, verjüngt, pflegt und schützt. Sie sichert so seine wirtschaftliche und ökologische Leistungsfähigkeit.

---

1 Erläutere den Begriff „Nachhaltigkeit" am Beispiel der Forstwirtschaft.

2 a) Was hat sich in der Forstwirtschaft in den letzten Jahrzehnten verändert?

b) Warum war ein Umdenken dringend erforderlich?

3 Sammle Material über die Bedeutung und den Schutz von Wäldern. Gestalte eine Dokumentation oder Sachmappe zu diesem Thema.

Nutze dazu Fachbücher, Fachzeitschriften und das Internet. Dabei hilft dir die Seite 96.

EXPERTENKONFERENZ

Pinnwand

Jäger

- Ich trage zur Sicherung und Verbesserung der natürlichen Lebensgrundlage aller freilebenden Wildtiere bei.
- Ich helfe bei der Erhaltung der Pflanzenvielfalt.
- Ich wirke bei der Landschaftsplanung mit, indem ich Ausgleichszonen für Wild schaffe und Ruhezonen einrichte.
- Ich trage Sorge für die Einhaltung des Schutzes freilebender Wildtiere.

Förster

- Ich plane den Holzeinschlag und erneuere den Wald, indem ich Pflanzen setze und Jungpflanzen pflege.
- Ich treffe Maßnahmen gegen Waldschädlinge.
- Ich plane den Wegebau und die Wegunterhaltung, den Naturschutz und die Landschaftspflege.
- Ich gestalte Erholungseinrichtungen für die Waldbesucher.
- Ich schaffe naturnahe Waldgebiete, um Monokulturen zu vermeiden.
- Ich jage Rehe und anderes Schalenwild im Einklang mit der Waldökologie.

Jogger

- Ich genieße den Wald als Erholungsraum.
- Mit meinem Hund gehe ich abends im Wald spazieren oder joggen.
- Ich brauche Ruhe und frische Luft im Wald um abzuschalten.
- Am Wochenende unternehme ich Wanderungen mit der ganzen Familie.
- Am liebsten beobachten meine Kinder Tiere und Pflanzen und spielen im Wald.

Sägewerkbesitzer

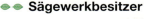

- Holz ist ein Naturprodukt und dient als Baustoff für Häuser, Möbel und Schiffe, ist Rohstoff für die Papierherstellung und eignet sich als Brennstoff.
- Der Bedarf an Holz steigt, deshalb muss der Wald in ausreichender Menge nachwachsen.
- Zeit und Geld spielen beim Einkauf und der Verarbeitung von Holz eine große Rolle. Ich kann mir nur Holz leisten, das kostengünstig geerntet wurde. Daher muss der Einsatz von Erntemaschinen möglich bleiben.

Landwirt

- Ich besitze Äcker an einem Waldgebiet und ein kleines Waldstück.
- Flurschäden durch Wild sind auf meinen Äckern oft ein Problem.
- Mein Mais wird von Wildschweinen gefressen.
- Ich möchte Zäune sparen.
- Ich will mein Waldstück roden, um Ackerfläche zu gewinnen, die mir mehr Ertrag bringt.

Umweltpolitikerin

- Wälder sind eine unentbehrliche Lebensgrundlage für den Menschen.
- Ich weise auf die überragende Bedeutung der Wälder für die biologische Vielfalt der Erde, das Klima und den Schutz vor Bodenerosion hin.
- Ich verlange die Erhaltung der Wälder für nachfolgende Generationen.
- Ich fordere eine ökologische Waldbewirtschaftung.

1 a) Wählt ein Thema zur Vorbereitung einer Podiumsdiskussion. Mögliche Themen könnten beispielsweise der „Bau einer Straße" oder das „Anlegen eines Freizeitparks" sein.
b) Teilt eure Klasse in Gruppen auf. Jede Schülergruppe vertritt eine Interessengruppe und bereitet ihre Argumente für die Diskussion vor. Orientiert euch an den Rollenkarten.
c) Für die Podiumsdiskussion wählt ihr einen Sprecher aus eurer Gruppe.
d) Eine Schülerin oder ein Schüler der Klasse übernimmt die Gesprächsführung und achtet darauf, dass die Gesprächsregeln eingehalten werden.

Prüfe dein Wissen

Der Wald als Lebensgemeinschaft

A1 Suche die Tiere heraus, die im Wald nicht vorkommen.
Reh, Eichhörnchen, Wildschwein, Amsel, Dachs, Ratte, Fuchs, Hamster, Hase, Wildkaninchen, Eichelhäher, Kleiber, Baummarder, Hirsch

A2 Welche Aussagen über Baumarten sind zutreffend?
a) Buchen lieben feuchte, humusreiche Böden.
b) Erlen, Pappeln und Weiden vertragen keine nassen Böden mit Überflutung.
c) Fichten und Kiefern bilden häufig Monokulturen.
d) Artenreiche Mischwälder gibt es auch im Gebirge bis 1600 Metern Höhe.
e) Oberhalb von 2100 Metern Höhe gedeihen nur noch Latschenkiefern.

A3 a) Welche Baumart zeigt Abbildung A?
b) Um welche Pflanzenorgane handelt es sich bei den übrigen Abbildungen?
c) Welche Pflanzenorgane gehören zu der abgebildeten Baumart?

A4 An den Blättern/Nadeln kannst du die Bäume erkennen. Nenne ihre Namen.

A5 Wie erklärst du dir, dass bei heftigem Wind im Sommer die Blätter nicht vom Baum fallen, im Herbst jedoch schon ein schwacher Wind ein Abfallen der Blätter bewirkt?

A6 Benenne die Teile der im Längsschnitt dargestellten Blütenknospe einer Rosskastanie.

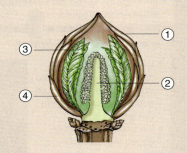

A7 Welche Aussagen treffen auf Moose zu?
a) Moose sind Blütenpflanzen.
b) Moose besitzen keine Wurzeln.
c) Moose bilden Polster.
d) Moose speichern viel Wasser in den Blättern.
e) Moose pflanzen sich durch Samen fort.

A8 Benenne die nummerierten Teile der Laubmoospflanze.

A9 Ordne die folgenden ausgewachsenen Pflanzen des Waldes den einzelnen Stockwerken zu:
Hasel, Sternmoos, Rotbuche, Eibe, Scharbockskraut, Holunder, Buschwindröschen, Märzenbecher, Esche, Weißdorn, Wurmfarn, Waldmeister, Eberesche.

A10 Wälder haben für den Menschen eine große Bedeutung. Nenne hierfür mindestens sechs Beispiele.

A11 Wie heißen die abgebildeten Frühblüher im Wald?

A12 Bäume bezeichnet man auch als grüne „Lunge" einer Stadt. Was ist damit gemeint? Erkläre.

A13 Stelle ein Nahrungsnetz dar. Verwende dazu die folgenden Pflanzen und Tiere:
Kiefer, Eiche, Buche, Eichhörnchen, Eichelhäher, Baummarder, Fuchs, Habicht, Raupe des Eichenwicklers, Blaumeise, Buntspecht

A14 Entscheide, in welchen Lebensraum das Nahrungsnetz aus A13 gehört.
a) See
b) Feld
c) Mischwald
d) Wiese
e) Nadelwald

A15 Ein Wald gehört zum Lebensraum vieler Vogelarten. Welche Bedeutung hat er für die Vögel? Nenne drei Beispiele.

A16 Notiere eine Nahrungskette. Verwende folgende Lebewesen:
Blaumeise, Spinne, blühende Pflanze, Sperber, Schmetterling.
Verwende die entsprechenden Fachbegriffe.

A17 Durch welche der folgenden menschlichen Einflüsse wird der Fortbestand unserer Wälder gefährdet? Begründe jeweils deine Antwort.
a) Wegwerfen von Glas;
b) Autoabgase;
c) Sammeln von Pilzen und Früchten;
d) Nutzung zur Erholung;
e) saurer Regen.

A18 Benenne die nummerierten Teile des Pilzes.

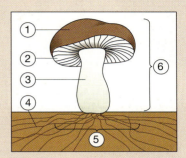

A19 Im Wald findet man im Herbst häufig die Fruchtkörper der Pilze. Entscheide, welche Pilze giftig sind. Welche sind essbar?
Perlpilz, Gallenröhrling, Wald-Champignon, Panterpilz, grüner Knollenblätterpilz, Steinpilz, Fliegenpilz, Marone, Pfifferlinge, Rotkappe, Satanspilz, Birkenpilz

A20 Natürliche und durch Menschen herbeigeführte Faktoren bedrohen unsere Wälder.

a) Beurteile den Zustand des abgebildeten Waldes.
b) Wende das Erschließungsfeld „Wechselwirkung" auf die Waldschäden in Sachsen an.

1 Untersuchungen mit bloßem Auge, Lupe und Mikroskop

1 Die Welt des Winzigen

Sicher hast du schon einmal durch ein Fernglas oder eine Lupe geschaut. Wenn man mit ihrer Hilfe etwas betrachtet, scheinen diese Dinge größer zu sein, als sie in Wirklichkeit sind. Auch Dinge, die du ohne diese Vergrößerungsgläser nicht siehst, werden sichtbar. Damit kannst du eine Welt kennenlernen, die dir sonst verborgen bliebe. Wie die Kinder auf dem Foto, die mit Hilfe von Lupe und Mikroskop Pflanzen untersuchen, kannst auch du die Einzelheiten eines Lebewesens erforschen.

Betrachten wir z.B. einmal die Blätter der Wasserpest. Diese Pflanze wächst in Bächen und Teichen unter der Wasseroberfläche. Die Feinheiten eines Blattes der Wasserpest sind mit einer *Lupe* bei zehnfacher Vergrößerung schon recht gut zu erkennen.

Die Vergrößerung wird möglich durch gewölbte und geschliffene Gläser, die *Linsen*. Eine einfache Lupe besteht aus einer Linse. Baut man zwei Linsen in einem gewissen Abstand voneinander in eine Metallröhre hinein, erhält man ein einfaches *Mikroskop*. Mit einem Schülermikroskop kann man bei hundertfacher Vergrößerung schon einzelne Bestandteile des Blattes der Wasserpest erkennen. Mit modernen Mikroskopen lassen sich Gegenstände bis zu zweitausendfach vergrößern.

> Winzige Gegenstände und Lebewesen kann man mit Hilfe von Lupe und Mikroskop vergrößert betrachten. Feine Strukturen der Welt des Winzigen können so untersucht werden.

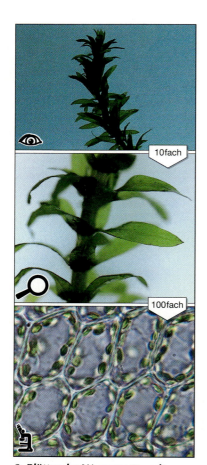

10fach

100fach

2 Blätter der Wasserpest – mit dem Auge, der Lupe und mit dem Mikroskop betrachtet

1 Wie breit erscheint ein dünner Faden von 1 mm Stärke, der 400fach vergrößert wird?

2 Nenne Objekte, die man mit einem Mikroskop untersuchen könnte.

Gesehen, aber nicht verstanden – 300 Jahre Zellforschung

Streifzug durch die Geschichte

Die ersten Mikroskope wurden von holländischen Optikern bereits 1590 gebaut. Sie waren schon so leistungsfähig, dass man mit ihnen Zellen hätte erkennen können – wenn man das Gesehene auch hätte deuten können! Doch niemand verstand, was er im Mikroskop sah. Mikroskope dienten zu dieser Zeit zur Belustigung anstelle wissenschaftlicher Untersuchungen. Der 30-jährige Krieg (1618–1648) unterbrach dann zunächst die Entwicklung der Mikroskope in weiten Teilen Europas.

Einer der Ersten, die die Welt des Unsichtbaren systematisch untersuchten, war LEEUWENHOEK (1632–1723). Der gelernte holländische Tuchhändler und Hobby-Optiker baute Mikroskope, die aus einer einfachen Metallplatte bestanden. Darin war eine Linse aus Diamant oder Bergkristall eingelassen. Hiermit konnte er eine bis zu 270-fache Vergrößerung erzielen. So entdeckte und beschrieb er rote Blutkörperchen sowie Bakterien. Er bestimmte Einzeller und andere Mikro-

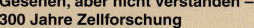

1 LEEUWENHOEK erkennt Mikroorganismen

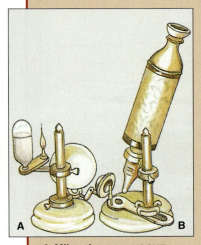

2 Mikroskop von HOOKE. A Lampe; **B** Mikroskop

organismen. Die Entdeckung weiterer Zellen und vor allem der Zellbestandteile konnte nur durch die Entwicklung wesentlich leistungsfähigerer Mikroskope erreicht werden.

Ein Zeitgenosse von LEEUWENHOEK war HOOKE (1635–1702). Er verfügte bereits über ein Mikroskop mit mehreren Linsen. Bei der Untersuchung von Schnitten der Rinde von Korkeichen entdeckte er ein Muster von hohlen Kämmerchen. Weil sie ihn an die Zellen von Bienenwaben erinnerten, prägte er den Begriff **Zelle**. In den folgenden Jahrzehnten wurden die Mikroskope durch die Herstellung verzerrungsfreier Linsen ständig verbessert. So entdeckten SCHLEIDEN und SCHWANN um 1840, dass alle Lebewesen aus Zellen aufgebaut sind (Zelltheorie).

Der deutsche Arzt VIRCHOW beobachtete um 1855 erstmalig, wie sich Zellen teilen. So erkannte er, dass sich Zellen durch Teilung vermehren und dann wachsen, bis sie ihre volle Größe erreicht haben.

> 1590: erste **Mikroskope**, noch keine wissenschaftlichen **Untersuchungen**
>
> 1667: HOOK
> Entdeckung von Zellen in Kork
>
> 1675: LEEUWENHOEK
> Untersuchung von Mikroorganismen
>
> 1840: SCHLEIDEN und SCHWANN
> Zellen – Grundbausteine des Lebens
>
> 1855: VIRCHOW
> Zellen entstehen aus Zellen
>
> 1931: KNOLL und RUSKA
> Feinbau der Zelle (Elektronenmikroskop)

3 Meilensteine der Zellforschung

In den nächsten Jahrzehnten wurden neben dem Zellkern immer mehr Zellbestandteile entdeckt. Doch erst mit dem 1931 von KNOLL und RUSKA gebauten Elektronenmikroskop war es möglich, auch den Feinbau von Zellen zu erforschen.

1 Welcher grundsätzliche Unterschied besteht zwischen der Beleuchtungseinrichtung von HOOKES Mikroskop und der moderner Mikroskope? Nimm auch S. 54 zu Hilfe.

Streifzug durch die Physik

Wie vergrößern Linsen?

Wir können einen Gegenstand sehen, weil **Lichtstrahlen** von ihm zu unseren Augen gelangen. Treffen diese unter einem bestimmten Winkel zum Beispiel auf Glas, werden sie abgelenkt. Man nennt diesen Vorgang **Lichtbrechung.**

Wie kann man diesen Vorgang nutzen, um etwas zu vergrößern? Wir betrachten dazu zunächst den Vorgang des Sehens mit dem „unbewaffneten" Auge: Im Auge befindet sich vorn eine Linse, die ähnlich wirkt wie eine Glaslinse. Sie sammelt die Lichtstrahlen, die von dem betrachteten Gegenstand kommen. Nachdem die Strahlen an der Linse gebrochen werden, gelangen sie durch den Augapfel auf die lichtempfindliche Netzhaut. Dort entsteht ein umgekehrtes und seitenverkehrtes Bild, das das Gehirn wieder in die richtige Position „umdreht".

Durch eine nach außen gekrümmte **Sammellinse,** zum Beispiel eine *Lupe,* zwischen Gegenstand und Auge werden die vom Gegenstand ausgehenden Lichtstrahlen schon vor der Augenlinse zum ersten Mal gebrochen. Die Lichtstrahlen treffen nun unter einem anderen Winkel auf die Augenlinse. Nach der zweiten Brechung in der Augenlinse wird der Gegenstand jetzt „größer" auf der Netzhaut abgebildet.

Stärker gewölbte Linsen haben eine größere *Brechkraft* als schwächer gewölbte und vergrößern daher auch stärker.

1 Betrachte die Zahlen 1, 2, 3 auf deinem Geo-Dreieck mit der Lupenvergrößerung des Mikroskopes. Was fällt dir auf?

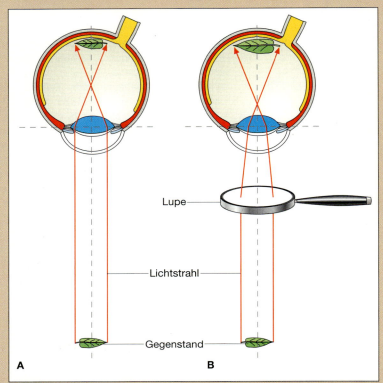

1 Gang der Lichtstrahlen durchs Auge. A durch die Augenlinse, B durch Lupe und Augenlinse

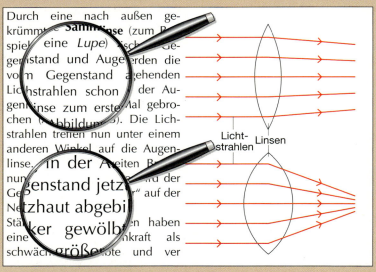

2 Linsenform und Vergrößerung

Umgang mit dem Mikroskop

Bevor du mit dem Mikroskopieren beginnst, solltest du dich mit dem Bau des Mikroskops vertraut machen. Betrachte dazu die Abbildung. Denke daran, dass es sich um ein wertvolles optisches Gerät handelt, mit dem du sorgfältig umgehen musst. Fasse nie mit den Fingern auf die Linsen der Objektive oder des Okulars. Achte darauf, dass beim Einstellen der Bildschärfe das Objektiv das Deckglas des Präparates nicht berührt.

Durch das **Okular** blickst du in das Mikroskop. Es vergrößert das vom Objektiv erzeugte Bild, zum Beispiel 10-mal.

Durch Drehen am **Objektivrevolver** schaltest du Objektive mit verschiedenen Vergrößerungen ein.

Auf den **Objekttisch** legst du den Objektträger ① mit dem Präparat ②.

Durch Drehen am **Triebrad** veränderst du den Abstand zwischen Objektiv und Präparat. Manche Mikroskope haben zum genaueren Einstellen einen Feintrieb.

Zu Beginn des Mikroskopierens schaltest du die **Beleuchtung** ein, am Ende wieder aus. Ihre Helligkeit kann an einem Drehknopf geregelt werden.

Mit der **Blende** regelst du den Kontrast des Bildes.

Vergrößerung des Mikroskops

Steht zum Beispiel auf einem Objektiv die Aufschrift ×40, so vergrößert es das Bild des Objekts vierzigfach. Wird dieses Bild mit einem Okular mit der Aufschrift ×10 betrachtet, so wird das bereits vierzigfach vergrößerte Bild noch einmal zehnfach vergrößert. Die Gesamtvergrößerung ist in diesem Fall 400.

Um ein Präparat zu mikroskopieren, gehst du so vor:

1. Stelle die kleinste mikroskopische Vergrößerung ein. Sie entspricht dem kleinsten Objektiv.
2. Lege den Objektträger mit dem Präparat über die Lichtöffnung des Objekttisches.
3. Schalte die Beleuchtung ein oder leuchte mit dem Handspiegel aus. Schaue durch das Okular und regle die Helligkeit.
4. Drehe am Triebrad, bis du das Objekt scharf siehst. Regle den Bildkontrast mithilfe der Blende. Suche durch Verschieben des Objektträgers auf dem Objekttisch einen geeigneten Bildausschnitt. Klemme den Objektträger in dieser Stellung auf dem Objekttisch fest.
5. Stelle durch Drehen am Objektivrevolver die nächst stärkere Vergrößerung ein. Regle falls nötig mit dem Triebrad vorsichtig die Bildschärfe. Bei stärkerer Vergrößerung solltest du auch die Beleuchtung etwas heller einstellen.
6. Schalte nach Beendigung deiner Beobachtung die Beleuchtung aus, drehe den Revolver auf die schwächste Vergrößerung und entferne das Präparat.

Übung **Mikroskopieren**

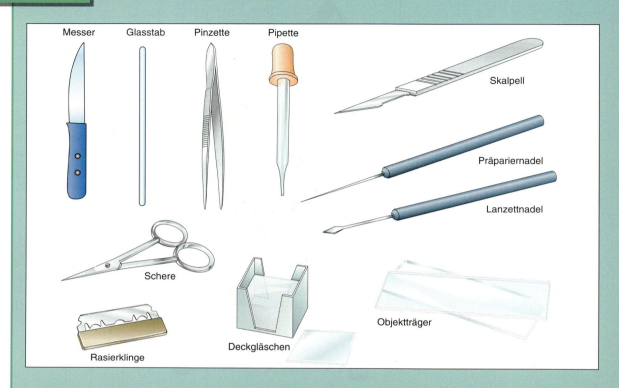

V 1 Geräte zum Mikroskopieren und Präparieren

Um beim Mikroskopieren erfolgreich zu sein, muss aus dem zu untersuchenden Gegenstand ein **Präparat** hergestellt werden. Dazu benötigst du ein *Präparierbesteck*. Dieses besteht aus bestimmten Geräten.

Pinzette: Sie muss sauber sein und gut greifen. Du brauchst sie, um Objekte auseinanderzuzupfen.

Schere und Messer: Damit werden Grobschnitte angefertigt. Du kannst aber auch mit einem Messer ein **Schabepräparat** herstellen, indem du mit ihm z. B. vorsichtig über eine Kartoffeloberfläche schabst.

Glasstab: Damit kannst du z. B. Objekte auf dem Objektträger bewegen und Tropfen setzen.

Rasierklinge: Damit werden feine Schnitte angefertigt. Bevor du die Rasierklinge benutzt, muss sie auf jeden Fall auf einer Seite mit einem Textilklebeband abgeklebt werden, um Verletzungen auszuschließen.

Skalpell: Mit ihm kannst du ebenfalls feine Schnitte anfertigen. Du kannst z. B. ein Kreuz in eine Zwiebelschuppe ritzen und dann mit der Pinzette ein Stück

des Zwiebenhäutchens abziehen. So erhältst du ein *Abzugspräparat*.

Objektträger: Der Objektträger ist eine rechteckige Glasscheibe. Du legst das Objekt, das du untersuchen willst, in die Mitte des Objektträgers. Halte die Objektträger gut sauber.

Deckgläser: Sie dienen zum Abdecken und Schutz von Präparaten. Vorsicht! Deckgläser brechen leicht! Man putzt sie mit einem Baumwolltuch.

Präpariernadel: Mit der Nadel kannst du kleine Objekte zerlegen oder in die richtige Position bringen.

Lanzettnadel: Mit ihrer flachen pfeilförmigen Spitze kannst du vorsichtig ein weiches Präparat wie eine Holunderbeere oder Tomatenfruchtfleisch zerdrücken. So bekommst du ein *Quetschpräparat*.

Pipette: Durch Zusammendrücken saugt man Wasser an und tropft es auf den Objektträger.

Aufgabe: Probiere die verschiedenen Geräte aus. Gehe sehr vorsichtig mit der Rasierklinge um. Gib mithilfe der Pipette einen Tropfen Wasser auf einen Objektträger.

V 2 Untersuchung der Wasserpest

Material: Wasserpest aus dem Aquarium; Pinzette; Becherglas mit Wasser; Objektträger; Deckgläschen; Lichtmikroskop; Pipette; Filtrierpapier; Zeichenmaterial

Durchführung: Zupfe ein Blättchen der Wasserpest von dem Stängel ab und bringe es auf einen Objektträger. Gib mit der Pipette einen Tropfen Wasser hinzu. Gehe weiter vor wie unten abgebildet.

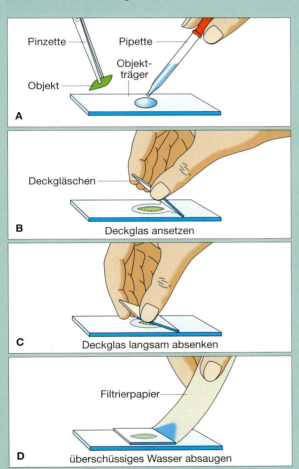

Aufgaben: a) Mikroskopiere zunächst mit der Lupenvergrößerung, um dir eine Übersicht zu verschaffen.
b) Untersuche die Abrissstelle bei 150–200facher Vergrößerung. Berichte, was du siehst.
c) Fertige eine Zeichnung an. Orientiere dich dabei am Beispiel auf der Seite 58.

A 3 Blick in die Welt des Winzigen

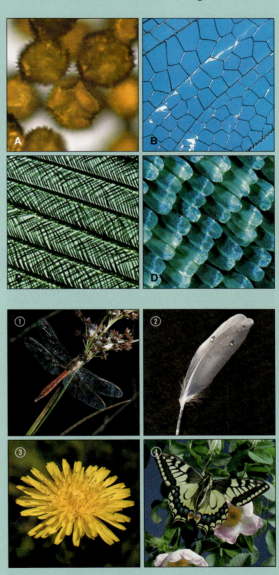

a) Finde eine passende Bildunterschrift für die Mikrofotos A bis D.
b) Ordne die Mikrofotos den entsprechenden Lebewesen bzw. Teilen dieser Lebewesen zu.
c) Untersuche mit dem Mikroskop ähnliche Objekte zum Beispiel Bienenflügel, Fliegenbeine, Teile einer Blüte, Haare oder Fasern von einem Stoff. Beschreibe deine Beobachtungen.

Methode | Anfertigen einer mikroskopischen Zeichnung

Beim Zeichnen eines Objektes müssen einige Regeln eingehalten werden.

- Zeichne das Objekt möglichst möglichst groß. Etwa ein Drittel des Blattes soll die Zeichnung einnehmen. Zeichne auf weißem Papier.
- Mikroskopische Zeichnungen werden vollständig mit Bleistift gezeichnet und beschriftet.
- Notiere als Überschrift die Bezeichnung für dein Objekt.
- Schreibe darunter, ob es sich um ein Frisch- oder Dauerpräparat handelt.
- Gib an, ob du dein Präparat gefärbt hast. Notiere dazu das Färbemittel (zum Beispiel blaue Tinte).
- Beschrifte deine Zeichnung rechts. Schreibe die Begriffe auf eine Höhe. Schreibe mit einer ordentlichen Schrift.
- Vervollständige deine Zeichnung links unten mit Namen, Klasse, Datum. Vergiss nicht die Vergrößerung anzugeben (z. B. 10 × 10).
- Zeichne nur Strukturen, die du wirklich siehst. Unwichtige Details kannst du weglassen.

Mikroskopierst du bei starker Vergrößerung die Oberfläche eines **Haares**, so siehst du eine dachziegelartige, jedem Haartyp eigene *Schuppung*.

Näherst du das Objekt ein wenig dem Objektiv, so erkennst du im Inneren des Haares die farbgebende faserige *Rinde* und in der Mitte das lockere *Mark*.

An einem Ende des Haares befindet sich die *Haarwurzel*. Sie verankert das Haar in der Haut und lässt das Haar wachsen.

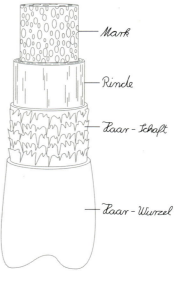

Kopfhaar
Frischpräparat

— *Mark*

— *Rinde*

— *Haar - Schaft*

— *Haar - Wurzel*

Marianne Starke
6a
30. 11. 2004
Vergrößerung: 10 × 10

Mikroskopieren und Präparieren

A1 Durch Vergrößerung gewinnt man Einblicke in die Welt des Winzigen. Nenne zutreffende Vergrößerungsgeräte.
a) Lupe
b) Fernglas
c) Kaleidoskop
d) Mikroskop
e) Stereolupe

A2 Wie stark muss die Vergrößerung mit dem Mikroskop etwa sein, damit man die Zellen in einem Blatt der Wasserpest erkennen kann?
a) 10fach
b) 100fach
c) 300fach
d) 500fach

A3 Ein Haar hat eine Stärke von etwa $1/4$ mm. Wie dick erscheint es etwa bei 2000facher Vergrößerung?

A4 Die Abbildung zeigt ein Lichtmikroskop.

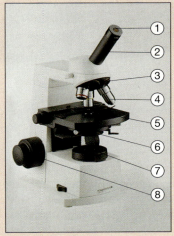

Ordne den Ziffern die richtigen Begriffe zu.

A5 Wozu dienen die in Aufgabe 3 abgebildeten Teile des Mikroskops? Ordne richtig zu.
a) Drehscheibe mit Objektiven
b) Röhre mit Okular
c) Stellräder zur Abstandseinstellung
d) Hauptvergrößerungslinse
e) Regulierungseinrichtung für Helligkeit und Kontrast
f) Lichtspender
g) Auflage für Objektträger
h) Linse, durch die man ins Mikroskop schaut

A6 Ein Okular vergrößert **8**×, das Objektiv **50**×. Wie groß ist die Gesamtvergrößerung?

A7 Benenne die abgebildeten geräte zum Mikroskopieren und Präparieren.

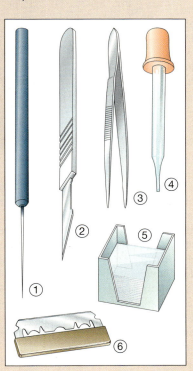

A7 Die Abbildung zeigt eine mikroskopische Aufnahme.

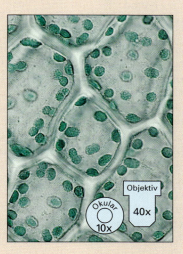

Welche der folgenden Aussagen sind zutreffend?
a) Die Abbildung zeigt ein pflanzliches Objekt.
b) Die Abbildung zeigt Pollenkörner des Löwenzahns.
c) Das mikroskopische Präparat ist ein Schmetterlingsflügel.
d) Das mikroskopische Bild wurde bei einer Gesamtvergrößerung von 50× aufgenommen.
e) Das mikroskopische Bild wurde bei einer Gesamtvergrößerung von 400× aufgenommen.

A8 Welche Regeln gelten für das mikroskopische Zeichnen?
a) Zeichne immer mit Bleistift.
b) Beschrifte auf der linken Seite.
c) Gib in der Überschrift den Namen des Objektes an.
d) Die Vergrößerung braucht man nicht aufzuschreiben. Das sieht man so.
e) Zeichne nicht zu klein. Nutze etwa ein Drittel des Blattes.

1 Lebensraum See

1.1 Die Pflanzenzonen eines Sees

Ein See übt auf viele Menschen eine starke Anziehungskraft aus. Auf Streifzügen an seinem Ufer gibt es oft etwas Neues zu entdecken.

Ein natürlicher See hat an der vom Wind geschützten Seite meistens eine dichtbewachsene Uferzone. Im Dickicht der Pflanzen halten sich zahlreiche Tiere auf. Alle Pflanzen und Tiere, die hier leben, finden die Bedingungen vor, die sie zum Leben brauchen.

Geht man über einen Steg vom Land zum offenen Wasser, erkennt man, dass sich der Pflanzenbewuchs des Uferbereichs auf einer Strecke von wenigen Metern schnell ändert. Zuerst umsäumt ein schmaler Streifen von *Schwarz-Erlen* und verschiedene *Weiden* das Ufer. Darunter wachsen gelb blühende *Sumpf-Dotterblumen* und der rote *Blutweiderich*. *Binsen* mit runden und *Seggen* mit dreikantigen Stängeln breiten sich hier aus. Die Pflanzen dieser **Erlenzone** vertragen ständig hohes Grundwasser oder zeitweise Überflutung.

Etwas weiter am flachen Uferrand, wo ständig Wasser steht, beginnt das **Röhricht.** Hier finden wir die gelbe *Wasserschwertlilie*, das *Pfeilkraut* und den *Gemeinen Froschlöffel*. Diese Sumpfpflanzen erhielten ihre Namen nach der Form ihrer Blätter, die an Schwerter, Pfeile und Löffel erinnern. Der Gemeine Froschlöffel hat allerdings unterschiedliche Blattformen. Untergetauchte Blätter sehen ganz anders aus als Luftblätter. In dieser Zone wachsen auch verschiedene *Rohrkolben* und *Gemeines Schilf*. Sie kommen bis zu einer Wassertiefe von 1,5 m vor. Mit ihren verzweigten Wurzelstöcken sind sie fest im Schlamm verankert. Ihre hohen Halme sind heftigen Windstößen und Wellenschlägen ausgesetzt. Diesen Angriffen geben die elastischen Halme jedoch federnd nach und richten sich sofort wieder auf. Der röhrenförmige Stängelaufbau und die Knoten verleihen den Schilfhalmen die erforderliche Festigkeit und Biegsamkeit. Die schmalen, bandförmigen Blätter sind derb und äußerst reißfest. Sie flattern bei Sturm wie Fahnen zur windabgewandten Seite.

An das Röhricht schließt sich in stillen Buchten die **Schwimmblattzone** an. *Weiße Seerosen* und *Gelbe Teichrosen* breiten sich hier aus. Lange, biegsame Stie-

1 Ein See und seine Bewohner.

① Teichrohrsänger, ② Libelle, ③ Teichhuhn, ④ Schwan, ⑤ Haubentaucher, ⑥ Stockente, ⑦ Wasserläufer, ⑧ Eisvogel, ⑨ Graureiher, ⑩ Wasserfrosch, ⑪ Kammmolch, ⑫ Rückenschwimmer, ⑬ Hecht, ⑭ Plötze, ⑮ Libellenlarve, ⑯ Gelbrandkäfer mit Kaulquappe, ⑰ Teichmuscheln, ⑱ Schlammschnecke

le stellen die Verbindung zu den kräftigen Erdstängeln her. Bei schwankendem Wasserstand können die elastischen Stiele jede Bewegung so ausgleichen, dass die Blätter und Blüten immer an der Oberfläche schwimmen.

Die gesamte Pflanze ist von Luftkanälen durchzogen. Dadurch werden die Erdstängel im sauerstoffarmen pflanzen, die ganz untergetaucht leben, breiten sich aus. In dieser **Tauchblattzone** kommen neben *Laichkräutern* auch *Kanadische Wasserpest* und *Hornkraut* vor, deren Blätter meist sehr klein sind. Sie besitzen keine Spaltöffnungen. Kohlenstoffdioxid und Sauerstoff werden über die Blattoberfläche ausgetauscht. Auch die notwendigen Mineralstoffe werden über die Blattoberfläche aus dem Wasser aufgenommen. Je nach Trübung können ab 5–10 m Tiefe auch Tauchpflanzen nicht mehr wachsen, weil das Sonnenlicht nicht mehr zur Fotosynthese ausreicht.

Man erkennt, dass sich durch unterschiedliche Faktoren in den einzelnen Zonen ganz bestimmte Pflanzengesellschaften ansiedeln. Diese Faktoren sind z. B. Wasserstand, Licht- und Windverhältnisse.

> Am Seeufer bilden sich verschiedene Pflanzenzonen aus. Vom Land zum Wasser folgen nacheinander: Erlenzone, Röhricht, Schwimmblattzone und Tauchblattzone. In ihnen sind die Pflanzen den unterschiedlichen Umweltbedingungen angepasst.

1 Weide	5 Wasserschwertlilie		
2 Schwarz-Erle	6 Pfeilkraut		
3 Segge	7 Froschlöffel		
4 Blutweiderich	8 Rohrkolben	12 Wasserknöterich	15 Wasserpest
	9 Gemeines Schilf	13 Weiße Seerose	16 Tausendblatt
	10 Binse	14 Gelbe Teichrose	17 Krauses Laichkraut
	11 Teichsimse		18 Hornblatt
Erlenzone	**Röhricht**	**Schwimmblattzone**	**Tauchblattzone**

2 Pflanzenzonen eines Sees (Schema)

Boden mit Luft versorgt. Über die Spaltöffnungen, die an der Blattoberseite liegen, stehen die Kanäle mit der Außenluft in Verbindung. Die tellergroßen Schwimmblätter enthalten luftgefüllte Hohlräume. Deshalb schwimmen sie wie eine Luftmatratze an der Wasseroberfläche. Während das Wasser von der Oberseite des Blattes an einer dünnen Wachsschicht abperlt, haftet es an der Unterseite. So wird verhindert, dass starke Winde und Wellen es umschlagen können.

Je tiefer das Wasser wird, um so mehr treten die Schwimmblattpflanzen zurück und andere Wasser-

1 Wie ist das Gemeine Schilf den Wasserstands- und Windverhältnissen angepasst? Wende das entsprechende Erschließungsfeld an.

2 Wie sind die Pflanzen der Tauchblattzone an das Leben unter Wasser angepasst?

3 Welche Pflanzenarten findest du in der Abbildung 1? Ordne sie den einzelnen Pflanzenzonen eines Sees zu.

1.2 Zwischen den Lebewesen des Sees bestehen vielfältige Beziehungen

Während unserer Seeexkursion fällt uns die Färbung des Wassers auf. Es sieht ganz grün aus. Wir werden neugierig und nehmen eine Probe mit in die Schule. Als Erstes benutzen wir eine Lupe. Aber ihre Vergrößerung reicht nicht aus, um etwas Konkretes zu sehen. Deshalb untersuchen wir einen Wassertropfen mit dem Mikroskop. Im Präparat erkennen wir verschieden geformte grüne Pflanzen. Es sind *Algen*. Da sie in großer Zahl vorhanden sind, färben sie das Wasser grün. Es müssen dort gute Bedingungen für ihr Wachstum vorhanden sein. Die dazu nötigen Nährstoffe können grüne Pflanzen durch Fotosynthese mithilfe des Sonnenlichtes aus Wasser und Kohlenstoffdioxid selbst herstellen. Deshalb gehören sie zu den **Erzeugern.**
Aber auch ein *Gemeiner Wasserfloh* ist zu sehen. Er besitzt einen grün gefärbten Darm. Offensichtlich hat

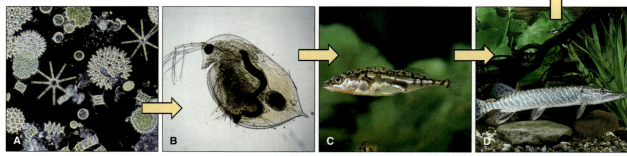

1 Nahrungskette. *A* Grünalgen; *B* Gemeiner Wasserfloh; *C* Dreistacheliger Stichling; *D* Hecht; *E* Graureiher

er Algen gefressen. Deshalb sind Wasserflöhe, wie alle anderen Pflanzenfresser, **Erstverbraucher.** Diese ruckartig hüpfenden, kleinen Krebse dienen wiederum dem *Dreistacheligen Stichling* als Nahrung. Der Stichling ist als Fleischfresser **Zweitverbraucher.** Aber auch ein Stichling kann gefressen werden. So ernährt sich z. B. der *Hecht* ausschließlich von anderen Tieren. Auch wenn der Stichling wegen seiner drei spitzen Stacheln nicht oft gefressen wird, kommt es doch vor, dass er dem Hecht, einem **Drittverbraucher,** zum Opfer fällt. Da der Hecht selbst keine Fressfeinde besitzt, ist er gleichzeitig der **Endverbraucher.** Manchmal können wir aber einen *Graureiher* am Gewässer beobachten. Auch er sucht hier nach Nahrung, die hauptsächlich aus Fischen, z. B. einem kleinen Hecht, besteht. In dem Nahrungsgefüge ist auch er ein **Dritt-** oder **Endverbraucher.**
Die Lebewesen im See sind also über ihre Nahrungsbeziehungen wie Glieder einer Kette fest miteinander verbunden. Sie bilden eine **Nahrungskette.**

Im See kommen neben den Algen auch andere Wasserpflanzen vor. Am Anfang einer Nahrungskette stehen stets grüne Pflanzen, weil sie die Nahrungsgrundlage für die Pflanzenfresser liefern. Zu diesen zählen zum Beispiel *Wasserschnecken, Kaulquappen* und *Rotfedern*.
Das folgende Glied in der Kette ernährt sich von den Pflanzenfressern. Deshalb steht am Ende einer Nahrungskette immer ein Fleischfresser, im See z. B. *Stichling, Hecht* oder *Graureiher*. In Wirklichkeit sind aber die Nahrungsbeziehungen viel verzweigter. So ernähren sich die Tiere nicht nur von einer einzigen Art. Ein Wasserfrosch frisst z. B. Kaulquappen, kleine Fische, Insekten und ihre Larven, aber auch Schnecken und Würmer. Noch komplizierter sind die Nahrungsbeziehungen beim *Karpfen*. Er ernährt sich von verschiedenen Algen und Wasserpflanzen, frisst aber genauso oft Schnecken, Insektenlarven und Wasserflöhe. Ihn können wir also weder den Pflanzenfressern noch den Fleischfressern direkt zuordnen.

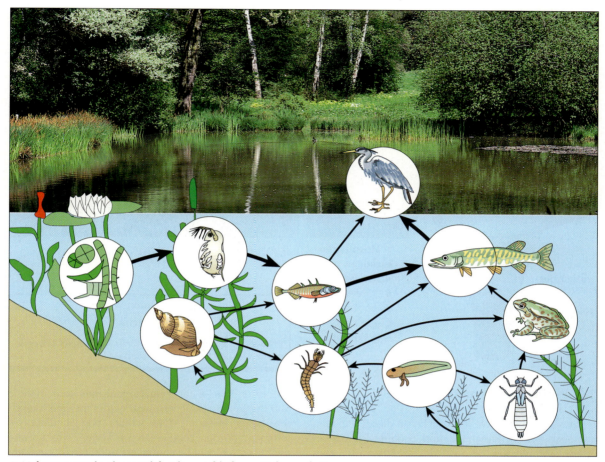

2 Nahrungsnetz in einem Teich mit verschiedenen Nahrungsketten

Die abgebildete Nahrungskette Alge → Wasserfloh → Stichling → Hecht → Graureiher ist nur eine von vielen möglichen im Lebensraum Wasser.

Einzelne Pflanzen und Tiere bilden also mehrere Nahrungsketten, die untereinander so verknüpft sind wie Maschen in einem Netz. Deshalb werden diese verzweigten Beziehungen als **Nahrungsnetz** bezeichnet.

Je mehr Lebewesen in einem See vorhanden sind, umso abwechslungsreicher ist ihr Speisezettel. Dadurch haben Schwankungen im Nahrungsangebot keine größeren Auswirkungen. Die Lebensgemeinschaft bleibt stabil. Umfasst das Nahrungsnetz nicht so viele Arten, reicht für bestimmte Tiergruppen das Nahrungsangebot nicht aus. Dadurch wird die Ernährung weiterer Arten gefährdet. Dies hat zur Folge, dass die Lebewesen beginnen, nun langsam nacheinander abzusterben.

Menschliche Eingriffe, zum Beispiel das Einleiten von Abwasser, Gülle und Dünger in Gewässer oder das Überfischen, führen oft zu solchen Kettenreaktionen.

> Zwischen den Lebewesen im See bestehen vielfältige Nahrungsbeziehungen. Die einfachsten Beziehungen sind Nahrungsketten. An ihrem Anfang steht eine grüne Pflanze als Erzeuger. Danach können mehrere Glieder von Verbrauchern folgen. Miteinander verknüpfte Nahrungsketten bilden ein Nahrungsnetz.

1 Stelle anhand der Abbildung 1 weitere Nahrungsketten zusammen. Ordne den Gliedern die Begriffe Erzeuger, Erstverbraucher, Zweitverbraucher, Drittverbraucher/Endverbraucher zu.

2 Beschreibe mithilfe der Abbildung 2 die vielfältigen Nahrungsbeziehungen in einem See.

3 Wie würde sich eine plötzliche Massenvermehrung der Algen auf die Erstverbraucher auswirken? Beziehe die Inhalte des Erschließungsfeldes „Wechselwirkungen" in deine Überlegung ein.

1 Wasserunter-
suchung.
A Schulteich;
B Probennahme
durch Schüler;
C selbst angefertig-
tes Planktonnetz

engmaschiges
Kunststoffnetz

Heißkleber

Filmdose

Stichwort

Plankton

Plankton ist ein Sammelbegriff für im Wasser schwebende pflanzliche und tierische Kleinstlebewesen.

1.3 Projekt Wasseruntersuchung

„Unser Schulteich sieht übel aus!" Mit dieser Meldung kamen einige Schülerinnen und Schüler der 6 B an einem warmen Junitag nach der großen Pause zum Biologielehrer.

Vor drei Jahren wurde dieser Teich im Rahmen einer Projektwoche angelegt. Und nun so etwas? Gemeinsam mit ihrem Lehrer gingen die Schülerinnen und Schüler an das Teichufer. Zwar achteten alle stets darauf, dass keine Abfälle in den Teich gelangten. Dennoch sah das Wasser trübe aus und roch faulig. Eine dicke Schicht grüner und bräunlich verfärbter Algenwatte bedeckte große Teile der Wasseroberfläche. Einige Schülerinnen holten aus dem Geräteschuppen des Schulgartens Rechen und schöpften als erste Maßnahme die Algenwatte ab. Vor dem Kompostieren untersuchten sie die abgeschöpfte Masse auf Wassertiere und brachten diese wieder in den Teich.

Als nach einer Woche der Zustand des Teiches nicht besser wurde, entschloss sich die 6 B, eine Wasseruntersuchung durchzuführen. Zunächst entnahmen einige Schüler mit einem sehr engmaschigen Netz Proben von **Plankton.**

Mit der Planktonprobe ging es ans Mikroskopieren. Pflanzliches Plankton, meist Algen, erkannten die Schülerinnen und Schüler an der grünen Farbe. Auch die farblosen Kleinsttiere konnten sie gut beobachten.

Mit einer Tabelle für **Zeigerorganismen** und mithilfe von Bestimmungsbüchern wurden die meisten Kleinstlebewesen bestimmt. Die Schüler und Schülerinnen fertigten von den Lebewesen *Steckbrief-Zettel* an und ergänzten sie mit Zeichnungen oder Fotos. Sie sammelten die Zettel auf einer Pinnwand und ermittelten daraus die Güteklasse III. Eine chemische Wasseruntersuchung bestätigte dieses Ergebnis.

In einem Gruppengespräch wurden mögliche Maßnahmen für eine **Sanierung des Teiches** erörtert und geplant: Ausschöpfen des Faulschlammes vom Grund, Ausbreiten eines Blattfangnetzes im Herbst, Einstellen der Fischfütterung und der Einsatz einer solarstromgetriebenen Luftpumpe zur Sauerstoffanreicherung.

> Kleinstlebewesen in einem Teich, die Auskunft über die Wassergüte geben, nennt man Zeigerorganismen.

1 Mikroskopiere eine Wasserprobe. Bestimme mithilfe der Pinnwand auf Seite 66 und einem Bestimmungsbuch die Zeigerorganismen eines Teiches. Auf welche Wassergüte lassen sie schließen?

2 Fange bzw. beobachte verschiedene Kleintiere eines Schulteiches. Bestimme mithilfe des Schlüssels auf Seite 65 einige Gruppen.

3 Was bewirken die geplanten Sanierungsmaßnahmen?

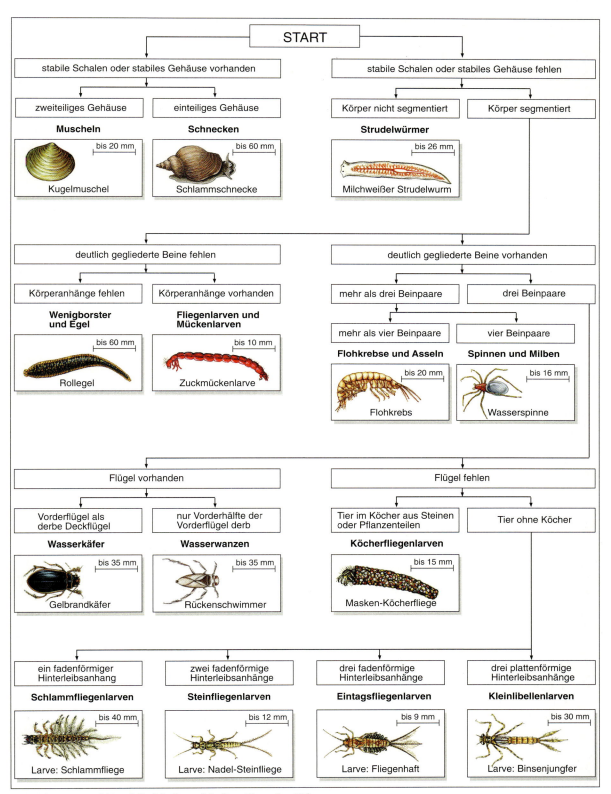

START

stabile Schalen oder stabiles Gehäuse vorhanden

stabile Schalen oder stabiles Gehäuse fehlen

zweiteiliges Gehäuse

einteiliges Gehäuse

Körper nicht segmentiert

Körper segmentiert

Muscheln

bis 20 mm

Kugelmuschel

Schnecken

bis 60 mm

Schlammschnecke

Strudelwürmer

bis 26 mm

Milchweißer Strudelwurm

deutlich gegliederte Beine fehlen

deutlich gegliederte Beine vorhanden

Körperanhänge fehlen

Körperanhänge vorhanden

mehr als drei Beinpaare

drei Beinpaare

Wenigborster und Egel

bis 60 mm

Rollegel

Fliegenlarven und Mückenlarven

bis 10 mm

Zuckmückenlarve

mehr als vier Beinpaare

vier Beinpaare

Flohkrebse und Asseln

bis 20 mm

Flohkrebs

Spinnen und Milben

bis 16 mm

Wasserspinne

Flügel vorhanden

Flügel fehlen

Vorderflügel als derbe Deckflügel

nur Vorderhälfte der Vorderflügel derb

Tier im Köcher aus Steinen oder Pflanzenteilen

Tier ohne Köcher

Wasserkäfer

bis 35 mm

Gelbrandkäfer

Wasserwanzen

bis 35 mm

Rückenschwimmer

Köcherfliegenlarven

bis 15 mm

Masken-Köcherfliege

ein fadenförmiger Hinterleibsanhang

zwei fadenförmige Hinterleibsanhänge

drei fadenförmige Hinterleibsanhänge

drei plattenförmige Hinterleibsanhänge

Schlammfliegenlarven

bis 40 mm

Larve: Schlammfliege

Steinfliegenlarven

bis 12 mm

Larve: Nadel-Steinfliege

Eintagsfliegenlarven

bis 9 mm

Larve: Fliegenhaft

Kleinlibellenlarven

bis 30 mm

Larve: Binsenjungfer

2 *Bestimmungsschlüssel für häufige wirbellose Tiere des Süßwassers*

Pinnwand

AUSGEWÄHLTE ZEIGERORGANISMEN

Güteklasse 1:

- sauberes, nährsalzarmes Wasser
- hoher Sauerstoffgehalt (ca. 10 mg/l)
- zahlreiche Arten von Algen
- wenig Kleintiere
- von einer Art sind immer nur wenige Lebewesen vorhanden

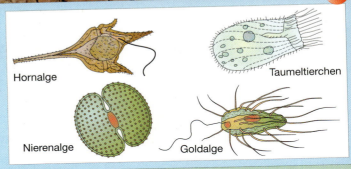

Hornalge
Taumeltierchen
Nierenalge
Goldalge

Güteklasse 2:

- mäßig verunreinigtes Wasser
- Sauerstoffversorgung gut (ca. 6 mg/l)
- sehr große Artenvielfalt bei Algen
- reicher Pflanzenwuchs
- Wasserpflanzenbestände bedecken größere Flächen
- Wimperntierchen wie das Tonnentierchen vorhanden

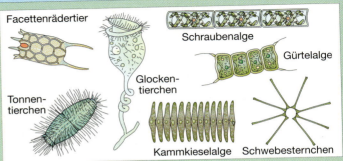

Facettenrädertier
Schraubenalge
Gürtelalge
Glockentierchen
Tonnentierchen
Kammkieselalge
Schwebesternchen

Güteklasse 3:

- stark verschmutztes Wasser
- meist niedriger Sauerstoffgehalt (ca. 4 mg/l)
- Faulschlammablagerungen
- viele Abwasserbakterien
- viele Wimperntierchen wie Heutierchen

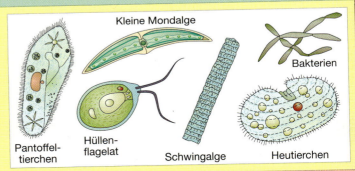

Kleine Mondalge
Bakterien
Pantoffeltierchen
Hüllenflagelat
Schwingalge
Heutierchen

Güteklasse 4:

- übermäßig verschmutztes Wasser
- Sauerstoff über lange Zeit sehr niedrig (ca. 0 bis 2 mg/l)
- Fäulnisprozesse herrschen vor; Besiedlung durch Fäulnisbakterien
- Wimperntierchen wie das Schmutzpantoffeltierchen treten auf

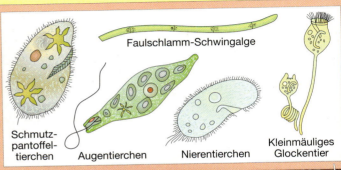

Faulschlamm-Schwingalge
Schmutzpantoffeltierchen
Augentierchen
Nierentierchen
Kleinmäuliges Glockentier

Was wird aus dem Baggersee?

Streifzug durch die Sozialkunde

Sand und Kies sind wichtige Rohstoffe für den Bau von Straßen und Häusern. Doch bei ihrer Gewinnung entstehen riesige Löcher, die öden Mondlandschaften ähneln. Was soll mit einem solchen Baggerloch geschehen, das mit Wasser vollgelaufen ist?

Nach dem Gesetz ist der Verursacher der Naturzerstörung verpflichtet, das ursprüngliche Landschaftsbild wieder herzustellen. So kann er die Grube verfüllen und wieder Bäume anpflanzen. Diese Maßnahme wird als **Rekultivierung** bezeichnet. Es sind aber auch andere Nutzungsformen möglich. Oft prallen dabei die Wünsche unterschiedlicher Interessengruppen aufeinander.

Wanderwege sollen den Erholungssuchenden die Möglichkeit bieten, ihre Freizeit in einer möglichst ungestörten Natur zu verbringen.

Der **Sportklub** möchte das Gelände als *Moto-Cross-Piste* haben und auch als *Mountainbike-Parcours* mitbenutzen. Er sichert zu, dass keine Natur zerstört wird und die Lärmbelästigung sich in Grenzen hält.

Der **Verein Naturschutzbund** will das Baggerloch möglichst naturnah anlegen und daraus ein *Vogelschutzgebiet* entwickeln. Durch Wohngebiete und Straßenbau sind große Naturflächen verloren gegangen. Als Ausgleich könnte das Gebiet der Erhaltung von Tieren und Pflanzen dienen. Vögel finden dort auf dem Wasser, am Ufer und an den Sandwänden ideale Lebensräume.

1 Kiesgrube. A Kiesabbau; B Plan zur Rekultivierung

Das **Amt für Naturschutz** will das Gebiet für den *Biotop-* und *Artenschutz* erhalten. Sich selbst überlassene Sandgruben besiedeln sich von allein. Nach einigen Jahren zeichnen sie sich oft durch eine Vielfalt an seltenen Pflanzen und Tieren aus.

Der **Angelverein** möchte das Baggerloch zu einem *Fischgewässer* mit naturnahen Ufern umgestalten und mit heimischen Fischarten besetzen.

Die **Bürgerinitiative** wünscht, dass das Gelände als *Naherholungsgebiet* hergerichtet wird. Sie plant, ein Strandbad mit einer Liegewiese anzulegen. Die Restflächen werden mit Laubbäumen bepflanzt. Rad- und

Der Rat der Stadt lädt alle interessierten Gruppen zu einer Bürgerversammlung ein. Er stellt seinen Plan vor und gibt allen die Gelegenheit, sich zu dem Vorhaben zu äußern.

1 Betrachte den Plan und stelle fest, welche Ziele verwirklicht werden sollen.

2 Zu welchen Konflikten kann der Plan führen?

3 Entwirf einen Plan nach deinen Vorstellungen.

4 Gestalte mit deiner Klasse eine Bürgerversammlung als Rollenspiel. Bildet Gruppen, die die Meinung der genannten Interessenten vertreten.

1 *Arbeiten mit der Stereolupe*

1 Wir untersuchen Lebewesen näher

1.1 Bau von Pflanzen- und Tierzellen

Die meisten Schülerinnen und Schüler freuen sich darauf, mit einer Stereolupe oder mit einem **Mikroskop** zu arbeiten. Beide Geräte ermöglichen faszinierende Einblicke in die Welt des Winzigen. Wer schon einmal den Flügel eines Schmetterlings oder Kristalle damit betrachtet hat, der weiß, wie schön die Objekte bereits bei geringer Vergrößerung aussehen. Wenn man Pflanzen mit dem Mikroskop betrachten möchte, eignen

sich besonders Wasserpflanzen oder Moose mit dünnen Blättchen.

Von diesen Pflanzen kannst du einfache **Frischpräparate** anfertigen. Gut zum Mikroskopieren geeignete Pflanzen sind verschiedene *Sternmoose*. Sie wachsen an schattigen, feuchten Stellen im Wald und auf Wiesen. Wenn man ein Blättchen von der Spitze einer frischen Moospflanze mit dem Mikroskop betrachtet, sieht man schon bei kleinster Vergrößerung viele gleichartige Kästchen mit sechseckigem Querschnitt.

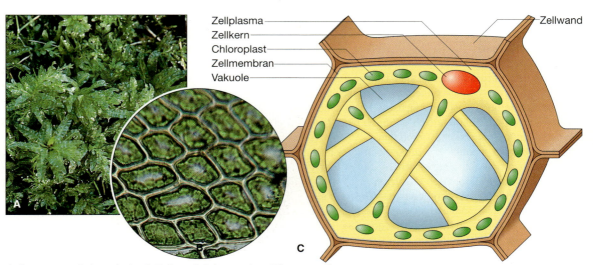

2 **Sternmoos.** *A* Ausschnitt, *B* Zellen, *C* Schema einer Pflanzenzelle

Man blickt in die **Zellen,** die kleinsten Bausteine aller Lebewesen. Jede Pflanzenzelle ist von einer stabilen **Zellwand** umgeben. Diese gibt ihr Festigkeit. Alle Zellwände zusammen bilden das Stützgerüst des Pflanzenkörpers.

In den Zellen befinden sich viele Blattgrünkörner, die **Chloroplasten.** Sie enthalten das Blattgrün oder *Chlorophyll.* Die grüne Farbe des Moosblättchens setzt sich also aus vielen kleinen grünen Körnern zusammen, die man weder mit dem bloßen Auge noch mit der Lupe sehen kann. Chlorophyll hat eine wichtige Aufgabe bei der Ernährung der Pflanze. Wenn man gut belichtete Chloroplasten genauer betrachtet, entdeckt man auch gespeicherte Stärke als helle Flecken. Sie ist aus dem Traubenzucker, der in den Blättern gebildet wird, entstanden.

Betrachtet man eine Zelle länger, bemerkt man, dass sich die Chloroplasten bewegen. Sie werden von dem langsam fließenden **Zellplasma** mitgeführt. Zellplasma ist zähflüssig. Es enthält vor allem Eiweißstoffe und Wasser. Hier werden zum Beispiel Nährsalze transportiert. Das Zellplasma ist von einem dünnen Häutchen, der **Zellmembran,** umgeben. Sie ermöglicht einen kontrollierten Stoffaustausch. In jeder Zelle befindet sich im Zellplasma ein meist kugelförmiger **Zellkern.** Er ist die Steuerzentrale und regelt alle Lebensvorgänge in der Zelle. Bei älteren Zellen bilden sich mit Zellsaft gefüllte Hohlräume, die **Vakuolen.** Sie dienen der Stoffspeicherung und können Zucker, Farbstoffe und sogar Gifte enthalten.

Zur Untersuchung des Bauplans menschlicher und tierischer Zellen eignen sich die großen Zellen der *Mundschleimhaut.*

Man kann sie leicht gewinnen, wenn man vorsichtig mit einem sauberen Holzspatel oder einem Teelöffel von der Innenseite der Wange etwas Mundschleimhaut abschabt. Betrachtet man das Präparat mit dem Mikroskop, sind schon bei der kleinsten Vergrößerung die rundlichen Zellen der Mundschleimhaut gut zu erkennen. Dazu werden sie meist mit einem Färbemittel wie blauer oder roter Tinte angefärbt.

Die einzelnen Zellen sind von einer dünnen, elastischen **Zellmembran** umgeben. Sie erscheint im mikroskopischen Bild als eine dünne Begrenzungslinie. Die Zellmembran umschließt das zähflüssige **Zellplasma.** Das Zellplasma füllt die ganze Zelle aus und besteht hauptsächlich aus Eiweißstoffen. Im Zellplasma ist deutlich der **Zellkern** zu erkennen.

Bei Tieren und beim Menschen zeigen viele Zellarten – zum Beispiel Haut-, Leber- oder Nervenzellen – den gleichen Grundbauplan wie die Zellen der Mundschleimhaut.

> Lebewesen sind aus Zellen aufgebaut. Alle Zellen verfügen über Zellmembran, Zellplasma und Zellkern. Pflanzenzellen haben zusätzlich eine Zellwand und Vakuolen. Die Zellen grüner Pflanzenteile besitzen Chloroplasten.

1 Nenne Unterschiede und Gemeinsamkeiten von grünen Pflanzenzellen und Tierzellen. Fertige dazu eine Tabelle an.

2 Beschreibe die Aufgaben der Bestandteile von grünen Pflanzen- und Tierzellen.

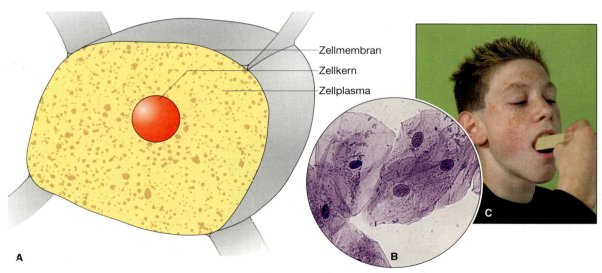

Zellmembran
Zellkern
Zellplasma

A **B** **C**

3 Mundschleimhaut. A *Schema einer Tierzelle,* **B** *Zellen,* **C** *Entnahme aus dem Mund*

Übung   Mikroskopieren

V1 Blattzellen des Sternmooses

Material: frische Sternmoospflanze; Objektträger; Deckglas; Pinzette; Präpariernadel; Pipette; Wasser; Mikroskop; Zeichenmaterial

Durchführung: Zupfe mit einer Pinzette ein Blättchen von der Spitze einer frischen Moospflanze ab. Übertrage das Blättchen in einen Tropfen Wasser auf einen Objektträger. Meist rollt sich das Blättchen ein. Verhindere dies mithilfe von Präpariernadel und Pinzette. Lege ein Deckglas auf und betrachte das Präparat zuerst mit der kleinsten, dann mit stärkeren Vergrößerungen.

Aufgaben: a) Beschreibe die Form der Blattzellen des Sternmooses.
b) Zähle auf, welche Zellbestandteile du erkennen kannst.
c) Zeichne mehrere benachbarte Zellen mit allen Zellbestandteilen und beschrifte deine Zeichnung.

V2 Untersuchung von Zwiebelzellen

Material: Küchenzwiebel; Eosin; Messer; Rasierklinge (eine Schneide durch Isolierband abgeklebt); Pinzette; Pipette; Wasser; Objektträger; Deckglas; Filterpapier; Mikroskop; Zeichenmaterial

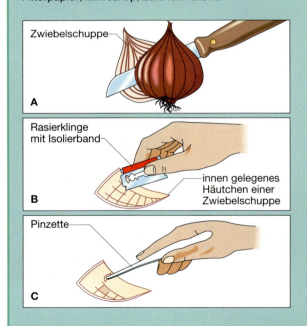

V3 Herstellung eines Schnittpräparates

Durchführung: Präpariere eine Zwiebel so, wie es die Zeichnung darstellt. Zupfe ein Häutchen mit der Pinzette ab. Bringe es in den Wassertropfen auf dem Objektträger und lege anschließend ein Deckgläschen auf. Tropfe etwas Eosin an den Rand des Deckglases. Sauge dann mit dem Filterpapier die Farblösung durch das Präparat. Betrachte das Präparat zuerst mit der kleinsten, dann mit stärkeren Vergrößerungen.

Aufgaben: a) Zeichne drei bis vier benachbarte Zellen und beschrifte die Zellbestandteile.
b) Vergleiche Zwiebelzelle und Sternmooszelle. Beschreibe.

V3 Herstellung eines Schnittpräparates

Material: Sprossabschnitt einer Ampelpflanze oder Begonie; Möhre; Messer; einseitig abgeklebte Rasierklinge; Haarpinsel; Pipette; Objektträger; Deckglas; Wasser; Filterpapier; Mikroskop; Zeichenmaterial

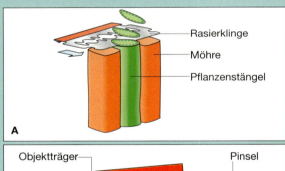

A

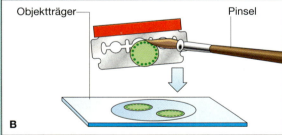

B

Durchführung: Schneide mit dem Messer aus der Möhre zwei gerade, etwa acht Zentimeter lange Säulen. Klemme den Sprossabschnitt zwischen die beiden Möhrenstücke und halte ihn so fest. Der Spross darf nur ein bis zwei Millimeter über die beiden Möhrenstücke herausragen (Abbildung A). Feuchte Spross und Rasierklinge an. Lege dann die Klinge auf einen Möhrenabschnitt und schneide mehrere hauchdünne Scheiben vom Stängel ab. Tupfe mit dem feuchten Pinsel auf die

Scheibchen und übertrage sie in einen Wassertropfen auf den Objektträger (Abbildung B). Lege ein Deckglas auf und mikroskopiere.

Aufgaben: a) Betrachte durch vorsichtiges Verschieben des Objektträgers verschiedene Bereiche des Stängelquerschnitts. Am Rand entdeckst du besondere Zellen. Beschreibe ihren Bau und erläutere ihre Aufgabe.

b) Fertige eine Zeichnung vom Rand des Stängelquerschnitts an. Zeichne einen Ausschnitt mit etwa zehn Zellen und beschrifte ihn.

V 4 Mikroskopieren von Leberzellen

Material: kleines Stückchen frische Tierleber; Becherglas; Messer; Pipette; Methylenblau-Lösung; zwei Objektträger; Deckglas; Mikroskop

Durchführung: Gib das Leberstückchen mit etwas Wasser in das Becherglas. Zerschneide es im schräg gestellten Becherglas so lange, bis ein braun-rotes Flüssigkeitsgemisch entstanden ist. Übertrage mit einer Pipette einen Tropfen dieser Flüssigkeit auf ein Ende des Objektträgers. Stelle ein Ausstrichpräparat her wie in der Zeichnung dargestellt.

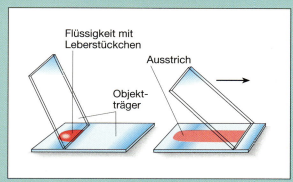

Gib auf diesen Ausstrich einen Tropfen Methylenblau-Lösung und lege ein Deckglas auf. Betrachte das Präparat mit dem Mikroskop zuerst bei kleinster Vergrößerung. Suche eine Stelle mit vollständig erhaltenen Leberzellen. Mikroskopiere nun das Präparat bei starker Vergrößerung.

Aufgaben: a) Welche Zellbestandteile erkennst du?

b) Welche Zellbestandteile werden durch Methylenblau-Lösung besonders stark angefärbt?

c) Zeichne mehrere Zellen und beschrifte sie.

d) Begründe, warum es sich bei Leberzellen um tierische Zellen handelt.

V 5 Bau eines Zellmodells

Material: durchsichtige Plastikdose mit Deckel; grünes und rotes Plastilin (Knetgummi); Tapetenkleister; Wasser; zwei klare Plastikbeutel; angefärbtes Wasser; zwei Gummibänder

Durchführung: Fülle einen Plastikbeutel etwa halb voll mit dünnflüssigem Tapetenkleister und lege ihn in die Plastikdose. Forme aus Plastilin mehrere etwa gleich große grüne Kügelchen und verteile sie im Kleister. Füge eine kleine rote Kugel aus Plastilin hinzu. Fülle die Spitze eines klaren Plastikbeutels mit angefärbtem Wasser und verschließe sie fest mit einem Gummiband. Drücke den Beutel in die Kleistermasse, sodass diese sich rundherum verteilt. Verschließe den ersten Plastikbeutel mit einem Gummiband. Setze den durchsichtigen Plastikdeckel auf. Zeige das Zellmodell mit dem Tageslichtprojektor. Stelle verschiedene Zellbestandteile scharf.

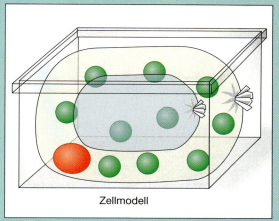

Zellmodell

Aufgaben: a) Das Projektionsbild des Zellmodells und das mikroskopische Bild der Pflanzenzelle weisen Gemeinsamkeiten auf. Nenne und beschreibe sie.

b) Vergleiche Pflanzenzelle und Zellmodell in Form einer Tabelle. Ordne dazu jedem Bauteil des Zellmodells den entsprechenden Bestandteil der Pflanzenzelle zu.

c) Beschreibe, welche Aufgabe ein Zellmodell hat.

d) Nenne Unterschiede zwischen Zellmodell und Zelle.

e) Stelle Material zum Bau einer Tierzelle zusammen. Baue das Modell der Tierzelle und zeige es mit dem Tageslichtprojektor.

1.2 Pflanzen- und Tierzellen im Vergleich

Beim Mikroskopieren verschiedener Pflanzen- und Tierzellen hast du sowohl Gemeinsamkeiten als auch Unterschiede zwischen den Zellen festgestellt. Bei allen Zellen konntest du eine Zellmembran, Zellplasma und einen Zellkern finden. Chloroplasten, Vakuolen und eine Zellwand waren nur in grünen Pflanzenzellen zu erkennen. Diese Unterschiede hängen mit der Lebensweise von pflanzlichen und tierischen Lebewesen zusammen.

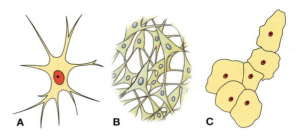

3 Tierzellen. A *Nervenzelle;* **B** *Bindegewebszellen;* **C** *Mundschleimhautzellen*

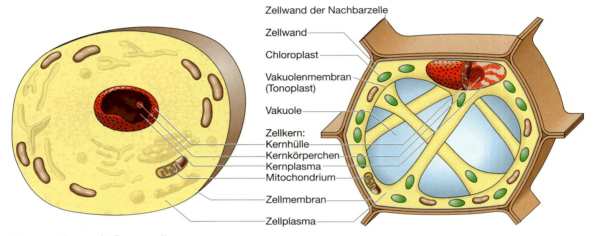

Zellwand der Nachbarzelle
Zellwand
Chloroplast
Vakuolenmembran (Tonoplast)
Vakuole
Zellkern:
Kernhülle
Kernkörperchen
Kernplasma
Mitochondrium
Zellmembran
Zellplasma

1 Bau von Tier- und Pflanzenzelle

Pflanzen nehmen aus der Luft Kohlenstoffdioxid und aus dem Boden Wasser und Mineralstoffe auf. Diese Stoffe sind anorganisch. Mithilfe der Lichtenergie und dem Chlorophyll bilden die grünen Pflanzen daraus Traubenzucker. Dabei wird Sauerstoff freigesetzt. Dieser Vorgang heißt **Fotosynthese.** Er läuft in den Chloroplasten ab.

Traubenzucker ist ein organischer Stoff. Aus ihm bildet die Pflanze später weitere körpereigene organische Stoffe wie Stärke, Eiweißstoffe und Fette. Je nach ihrer Aufgabe in der Pflanze können Zellen ganz unterschiedliche Formen ausbilden.

Tierzellen dagegen besitzen keine Chloroplasten. Sie sind nicht in der Lage, aus anorganischen Stoffen organische Stoffe herzustellen. Deshalb müssen Tiere körperfremde, also von anderen Lebewesen gebildete, organische Stoffe aufnehmen. Aus diesen bauen sie körpereigene organische Stoffe auf und setzen daraus Energie für ihre Lebensvorgänge frei. Auch Tierzellen sind je nach ihrer Funktion unterschiedlich gebaut.

> Sowohl Pflanzen- als auch Tierzellen stimmen in ihrem Grundbau überein. Entsprechend ihren Aufgaben sind sie unterschiedlich gebaut.

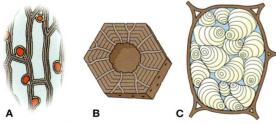

2 Pflanzenzellen. A *Zellen der Zwiebelhaut;* **B** *Steinzelle;* **C** *Speicherzelle der Kartoffel*

1 Vergleiche die Ernährungsform von Tierzellen und grünen Pflanzenzellen. Nutze dazu das Erschließungsfeld „Bau und Funktion".

2 Nenne sechs Zelltypen des Menschen.

Pinnwand

ZELLEN VON PFLANZE, TIER UND MENSCH

Zieralge, eine einzellige Grünalge

Die grüne Färbung von Gewässern beruht auf dem Vorkommen unzählig vieler Grünalgen. Diese Zieralge ist eine Vertreterin von vielen unterschiedlichen Arten.

Pantoffeltierchen

Im trüben Wasser einer Blumenvase schwimmen häufig mit flinken Bewegungen diese einzelligen Lebewesen. Sie bewegen sich mithilfe von Wimpern fort.

Blut des Menschen
(angefärbt)

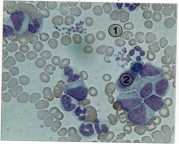

Das Blut setzt sich unter anderem aus ca. 33 Milliarden *roten Blutkörperchen* (1) und etwa 45 Millionen *weißen Blutkörperchen* (2) zusammen. Die roten Blutkörperchen sind z. B. für den Transport von Sauerstoff verantwortlich, die weißen Blutkörperchen zur Abwehr von Krankheitskeimen.

Saftspeicherzellen (Orange)

In den Zellsafträumen (Vakuolen) können Pflanzen unter anderem in Wasser gelöste Stoffe wie Zucker und Farbstoffe speichern. Orangensaft z. B. schmeckt süß.

Nervenzelle (gefärbt)

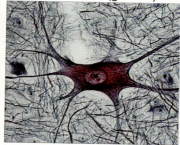

Nervenzellen verarbeiten Erregungen, die durch Reize entstanden sind. Sie leiten diese dann weiter. Der Mensch besitzt davon etwa 30 Milliarden.

1 Begründe, welche der abgebildeten Zellen zu den pflanzlichen bzw. tierischen Zellen gehören.

2 Stelle in einer Tabelle verschiedene Zellformen von Pflanzen und ihre Aufgaben zusammen. Nutze dazu die Abbildung S. 72 und dein Wissen vom Mikroskopieren pflanzlicher Zellen.

3 Zeige am Beispiel menschlicher Zellen das Erschließungsfeld „Vielfalt" auf.

Übung   Nachweis von Stärke

V1 Mikroskopieren von Stärkekörnern

Material: Lichtmikroskop; Objektträger; Deckgläschen; Pipette; Becherglas mit Wasser; kleines Küchenmesser; Kartoffel; Rasierklinge; Pinzette

Durchführung: Schneide die Kartoffel in Stifte von etwa 1 × 1 cm. Gib einen Wassertropfen auf den sauberen Objektträger. Schneide nun von dem Kartoffelstift möglichst dünne Scheiben ab. Lege die dünnste Scheibe mit der Pinzette in den Wassertropfen. Gib nochmals einen Wassertropfen auf die Kartoffelscheibe. Lege nun vorsichtig das Deckgläschen auf. Achte darauf, dass darunter möglichst keine Luftblasen zurückbleiben.

Aufgaben: a) Betrachte das Präparat unter dem Mikroskop bei verschiedenen Vergrößerungen.
b) Zeichne einen Ausschnitt des mikroskopischen Bildes.

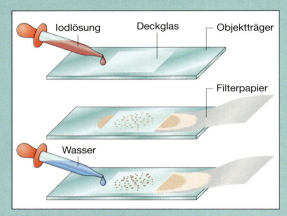

Färben eines Präparates

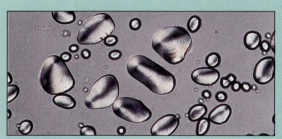

Stärkekörner der Kartoffel

V2 Stärkenachweis mit Iod-Kaliumiodidlösung

Material: Lichtmikroskop; Objektträger; Deckgläschen; Pipette; Becherglas mit Wasser; kleines Küchenmesser; Kartoffel und weitere stärkehaltige Teile anderer Pflanzen; Iod-Kaliumiodidlösung; Filterpapierstreifen

Durchführung: Schabe von einer halben Kartoffeln mit dem Messer etwas weißen Saft ab. Übertrage diesen auf einen Objektträger. Lege nun vorsichtig das Deckgläschen auf.
Gib nun einen Tropfen Iod-Kaliumiodidlösung an den Rand des Deckgläschens. Setze einen Streifen Filterpapier an der gegenüberliegenden Seite des Deckgläschens an, sodass das Wasser darunter hervorgesogen wird. Wenn der Tropfen der Iod-Kaliumiodidlösung ganz unter dem Deckgläschen ver-

schwunden ist, lässt du die Lösung ein bis zwei Minuten einwirken. Danach gibst du einen Wassertropfen an den Rand des Deckgläschens. Sauge nun an der entgegengesetzten Seite des Deckgläschens die Iod-Kaliumiodidlösung mit einem Streifen Filterpapier hervor.

Aufgaben: a) Betrachte die Stärkekörner unter dem Mikroskop und zeichne einige.
b) Beschreibe das Versuchsergebnis.

V3 Untersuchung der Ober- und Unterhaut von Pflanzen

Material: Stängel von Ampelpflanzen; Blätter von Holunder, Alpenveilchen oder Schwertlilien; Rasierklinge (eine Schneide wird durch Isolierband abgeklebt); Pinzette; Objektträger; Deckgläschen; Pipette; Becherglas mit Wasser; Lichtmikroskop; Zeichenmaterial

Durchführung: Bringe mit der Pipette einen Tropfen Wasser auf einen Objektträger. Ritze den Stängel der Pflanze bzw. das Blatt mit der Rasierklinge ein. Ziehe dann mit der Pinzette ein dünnes Häutchen von der Oberfläche ab. Bringe das Häutchen in den Wassertropfen auf dem Objektträger und lege anschließend ein Deckgläschen auf.

Aufgabe: Betrachte dein Präparat zunächst mit geringer Vergrößerung und suche dir am Rand des Häutchens eine dünne Zellschicht aus. Mikroskopiere mit etwa 200facher Vergrößerung. Zeichne drei bis vier Zellen und beschrifte deine Zeichnung.

1.3 Kein Wachstum ohne Zellteilung

Jedes Jahr beobachten wir von neuem, wie Pflanzen kräftig wachsen und größer werden. Ein Beispiel hierfür liefert uns die *Rosskastanie*. Im Frühjahr keimt die Kastanie, streckt ihre Wurzeln tief in den Erdboden und schiebt gleichzeitig den Keimstängel über die Erdoberfläche. Laubblätter entfalten sich und die junge Pflanze gewinnt rasch an Höhe. Von Jahr zu Jahr nimmt der Baum an Größe und Umfang zu. Ausgewachsen erreicht er eine Höhe von etwa 25 Metern. Wie erfolgt dieses Wachstum?

Wie du erfahren hast, bestehen alle Pflanzen aus Zellen. Bei der jungen Kastanie verfolgen wir, wie Wurzel und Spross durch *Wachstum* immer länger werden. Unmittelbar hinter der Wurzelspitze und an den Sprossspitzen befinden sich Zellen, die sich teilen können. Zunächst teilt sich der Zellkern in zwei gleiche Teile. Erst danach wird eine neue Zellzwischenwand aufgebaut. Auf diese Weise entstehen aus einer Mutterzelle zwei gleichartige Tochterzellen. Diese kleinen Embryonalzellen tragen dünne Primärwände. Beim nun folgenden Zellwachstum treten zwei Wachstumsformen auf: Zum einen nimmt das Zellplasma in geringem Umfang zu, indem organische Stoffe aufgenommen werden. Man bezeichnet diesen Vorgang als **Plasmawachstum.** Zum anderen nimmt die wachsende Zelle vor allem Wasser auf. Dadurch vergrößern sich die Einzelvakuolen und fließen zu einem großen Zellsaftraum zusammen. Dieser wird vom Plasma mit den eingelagerten Zellorganellen umschlossen. Die Tochterzellen strecken sich bis zu ihrer endgültigen Größe. Die Zellwand wird dicker und fester. Diese Art der Größenzunahme nennt man **Streckungswachstum.**

Auch bei Menschen und Tieren erfolgt das Wachstum durch fortlaufende Zellteilungen. So entsteht z.B. aus einer befruchteten menschlichen Eizelle ein Mensch. Auch wenn der Mensch ausgewachsen ist, bilden sich täglich Millionen neue Zellen, die abgestorbene ersetzen. In allen Körperteilen von Menschen und Tieren kommen teilungsfähige Zellen vor.

> Wachstum ist das Ergebnis aus Zellteilung und Zellvergrößerung. Zellteilung ist eine Form der ungeschlechtlichen Fortpflanzung.

1 Erläutere das Streckungswachstum anhand der Abbildung 1.

3 Teilung und Wachstum menschlicher Zellen

1 Streckungswachstum bei Pflanzenzellen.
A embryonale Zelle;
B Vakuolenbildung;
C ausgewachsene Zelle

2 Keimung und Wachstum bei der Rosskastanie

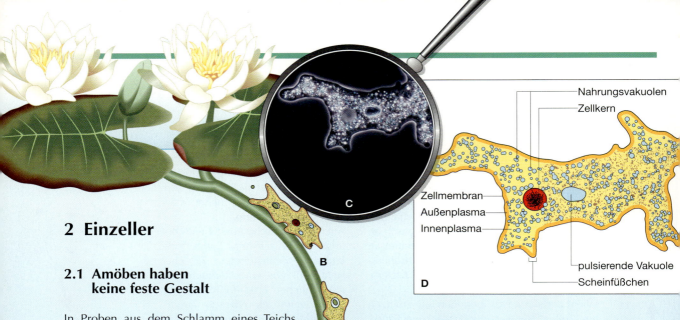

2 Einzeller

2.1 Amöben haben keine feste Gestalt

In Proben aus dem Schlamm eines Teichs oder von der Unterseite eines Wasserpflanzenblattes findet man manchmal unter dem Mikroskop farblose gallertartige Klumpen, die sich langsam fortbewegen. Es sind **Amöben.** Ihr Körper besteht aus nur einer Zelle: Amöben sind **Einzeller.** Mit im wahrsten Sinne des Wortes fließenden Bewegungen gleiten sie über den Untergrund. Dabei fließt das körnige **Innenplasma** in das von der **Zellmembran** umhüllte klare **Außenplasma.** So entstehen Ausstülpungen der Zellhülle, die **Scheinfüßchen,** auf denen der Amöbenkörper langsam „läuft": etwa einen Zentimeter in zwei Stunden! Sowohl Innen- als auch Außenplasma zählen zum Zellplasma. Am hinteren Ende zieht sich das Zellplasma wieder zusammen, die Scheinfüßchen verschwinden. Wegen ihres ständigen Gestaltwechsels heißt die Amöbe auch **Wechseltierchen.**

Die Amöbe frisst mit ihrer ganzen Zelloberfläche: Trifft sie auf ein Nahrungsteilchen, das ein anderer Einzeller, eine Grünalge oder ein Bakterium sein kann, so umschließt sie seinen Körper mit ihrer Zellmembran. Die so entstandene Blase wandert als *Nahrungsvakuole* durch die Amöbe. Mithilfe von Verdauungssäften wird der Inhalt aufgelöst und in die Zelle aufgenommen. Die Vakuolenmembran

verschmilzt dann mit der Zellmembran. Auf diese Weise werden unverdauliche Reste nach außen abgegeben. Über die Zellmembran dringt ständig Wasser in die Amöbe. Überschüssiges Wasser und gelöste Abfallstoffe werden in ein Bläschen, eine Vakuole, gefüllt. Diese wird dadurch allmählich größer, gelangt zur Zelloberfläche und entleert ihren Inhalt nach außen. Dieser Vorgang wiederholt sich regelmäßig. Man spricht daher von einer **pulsierenden Vakuole.**

Im Zellplasma liegt der kugelige **Zellkern.** Ist die Amöbe unter günstigen Lebensbedingungen auf eine bestimmte Größe herangewachsen, teilt sich zunächst der Zellkern in zwei Tochterkerne, bevor sich der gesamte Zellkörper in zwei gleich große Zellen durchschnürt. Die Tochterzellen wachsen zur ursprünglichen Größe heran.

Verschlechtern sich die Lebensbedingungen, z. B. bei Eintreten von Trockenheit oder Kälte, kugelt sich die Amöbe ab und bildet eine Hülle aus zähem Schleim. In dieser **Zyste** ruht das Tier, bis sich seine Lebensbedingungen wieder verbessern.

> Amöben sind Einzeller, die ihre Form verändern können. Man nennt sie Wechseltierchen. Ihre Nahrung nehmen sie auf, indem sie ihren Zellleib um die Beute stülpen. Ihren Wasserhaushalt regeln sie mit einer pulsierenden Vakuole. Sie vermehren sich durch Teilung. Sie bilden Dauerformen, die Zysten.

1 Amöbe. A aus Zyste schlüpfend; B Bewegung und Nahrungsaufnahme; C mikroskopische Aufnahme; D Schema

1 Erläutere den Begriff Einzeller.
2 Beschreibe den Ablauf der Nahrungsaufnahme anhand der Abbildung 1 B.
3 Werden Amöben nicht gefressen, sind sie unsterblich. Erläutere diese Aussage.

2.2 Pantoffeltierchen – hoch spezialisierte Einzeller

Wenn man eine Probe fauligen Wassers unter dem Mikroskop untersucht, entdeckt man oft 0,3 mm kleine Einzeller, die sich rasch durch das Wasser bewegen. Sie erinnern mit ihrer Gestalt an Pantoffeln. **Pantoffeltierchen** schwimmen schraubend durch den Wassertropfen. Sie können ebenso gewandt vorwärts wie rückwärts schwimmen. Wie gelingt ihnen das, obwohl keine Gliedmaßen erkennbar sind?

Anders als bei der Amöbe gibt eine elastische *Zellmembran* dem Pantoffeltierchen eine feste Gestalt. Die Zellmembran ist über den ganzen Körper hinweg mit dünnen Plasmafäden, den *Wimpern,* bedeckt. Diese Wimpern schlagen ständig in einem aufeinander abgestimmten Rhythmus und treiben damit das Tier vorwärts. Ändert sich die Schlagrichtung, kann das Pantoffeltierchen auch rückwärts schwimmen. Eine Vielzahl von unterschiedlichen Einzellern tragen dieses Wimpernkleid. Sie werden daher alle zu den **Wimpertierchen** gezählt.

Bei genauer Betrachtung fällt eine trichterförmige Einsenkung im Körper des Pantoffeltierchens auf, die sehr dicht mit Wimpern besetzt ist. Man nennt sie *Mundfeld*. Mit diesen Wimpern strudelt das Pantoffeltierchen Nahrungsteilchen in den *Zellmund*. Bakterien und kleine Einzeller gelangen dann durch den *Zellschlund* in das Zellinnere. In Nahrungsbläschen eingeschlossen wandert die Nahrung durch den Körper und wird dabei verdaut. Unverdaute Reste gelangen durch den *Zellafter* nach außen. Eindringendes Wasser wird in der *pulsierenden Vakuole* gesammelt und ausgeschieden.

Pantoffeltierchen haben keine Sinnesorgane, trotzdem reagieren sie auf mechanische und chemische *Reize* sowie auf Temperaturreize.

Pantoffeltierchen vermehren sich überwiegend ungeschlechtlich. Sie können sich mehrere Male am Tag quer teilen. Diese Zellteilung beginnt mit der Teilung beider Kerne. Nachdem die beiden Tochterkerne auseinander gewichen sind, schnürt sich der Zellleib in der Mitte durch. Es sind zwei Einzeltiere entstanden.

Tierische Einzeller sind wichtige Glieder von Nahrungsketten im Gewässer.

Zellmembran
Wimpern
Zellafter
Nahrungsbläschen
Nahrung
Zellschlund
Kleinkern
Großkern
Mundfeld

pulsierende Vakuole

→ Weg der Nahrung

1 Pantoffeltierchen.
A Mikrofoto; *B* Schema

A   B

> Pantoffeltierchen sind tierische Einzeller mit einer festen Gestalt. Sie bewegen sich mithilfe von Wimpern fort, nehmen über einen Zellmund Nahrung auf und reagieren auf Umweltreize. Sie vermehren sich überwiegend ungeschlechtlich.

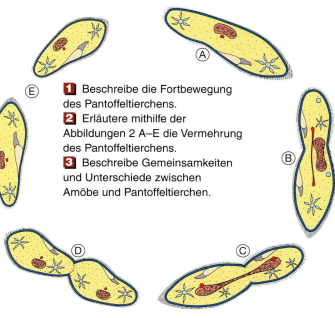

E

1 Beschreibe die Fortbewegung des Pantoffeltierchens.
2 Erläutere mithilfe der Abbildungen 2 A–E die Vermehrung des Pantoffeltierchens.
3 Beschreibe Gemeinsamkeiten und Unterschiede zwischen Amöbe und Pantoffeltierchen.

A
B
C
D

2 Vermehrung des Pantoffeltierchens

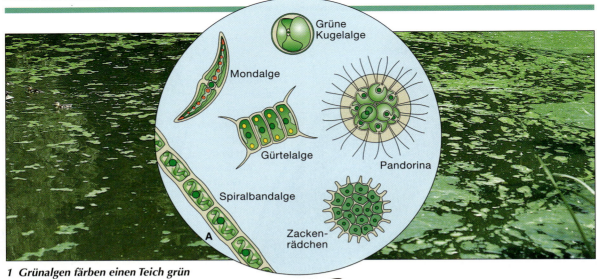

1 Grünalgen färben einen Teich grün

2.3 Einzellige Grünalgen und Kolonien

In den Sommermonaten sind viele Teiche grün gefärbt. Untersucht man eine Wasserprobe aus diesen Gewässern unter dem Mikroskop, findet man viele Ein- und Mehrzeller. Sie gehören zur Lebensgemeinschaft der frei im Wasser schwebenden Organismen, dem **Plankton.** Einige dieser Zellen enthalten Chloroplasten. Sie zählen zu den **Grünalgen** und sind für die Grünfärbung des Teichwassers verantwortlich.

Es gibt etwa 8 000 verschiedene Grünalgenarten. Sie besiedeln alle Lebensräume. Davon entfallen allein 90 % auf das Süßwasser. Grünalgen kommen in Seen, Teichen, Tümpeln, in Pfützen und im Aquarium vor.

Grünalgen gehören zu den Pflanzen. Sie besitzen in ihren Zellen einen oder mehrere Chloroplasten. Mithilfe von Sonnenlicht und Chlorophyll bauen sie aus Kohlenstoffdioxid und Wasser Traubenzucker auf. Dabei bilden sie Sauerstoff, der lebensnotwendig für alle Wasserlebewesen ist. Sie betreiben also Fotosynthese und stehen am Beginn der Nahrungsketten.

Die Gruppe der Grünalgen ist sehr formenreich. **Einzellige Grünalgen**

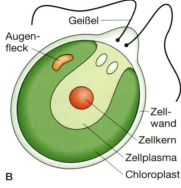

2 Grünalgen. A Formenreichtum; **B** Bau von Chlamydomonas

können zum Beispiel kugelförmig, oval, lang gestreckt oder sichelförmig sein. Häufig vorkommende Vertreter sind Chlorella und Chlamydomonas. Die etwa 0,005 mm kleine *Chlorella* hat eine kugelförmige Gestalt. Sie besitzt einen großen, glockenförmigen Chloroplasten, der den Zellkern umgibt. *Chlamydomonas* ist birnenförmig und hat zwei Geißeln. Mit diesen bewegt sich die 0,02 mm große Alge aktiv fort. Außerdem hat sie einen Augenfleck zur Unterscheidung von Hell und Dunkel.

In der Wasserprobe findet man auch mehrzellige Grünalgen. Bei *Pandorina* sind 8 oder 16 Zellen von einer Gallerthülle umgeben.

Die Einzelzellen sind gleich aufgebaut. Jede ist begeißelt, besitzt Zellwand, Zellmembran, Zellkern und einen Chloroplasten. Wird eine einzelne Zelle vom Verband gelöst, ist sie weiterhin lebensfähig. Man bezeichnet einen solchen Verband gleichartiger Zellen als **Zellkolonie.**

Auch andere mehrzellige Grünalgen zeigen eindrucksvolle Formen. Bei der *Gürtelalge* liegen 2 bis 8 Zellen in einer Ebene nebeneinander. Mit den vier Fortsätzen kann die Alge gut im Wasser schweben. Das *Zackenrädchen* erinnert in seiner Form an ein Zahnrad. Einige Grünalgen bilden auch Fäden aus vielen aneinander gereihten Zellen. Ein Beispiel dafür ist die *Spiralbandalge.*

> Viele Grünalgen wie Chlorella und Pandorina leben im Süßwasser. Sie betreiben Fotosynthese.

1 Entwirf für die Grünalgen Chlorella und Chlamydomonas jeweils einen Pinnzettel.

2 Beschreibe anhand des Pinnzettels auf der Seite 79 den Bauplan einer Kieselalge.

PFLANZLICHE EINZELLER

Zieralgen

Sie gehören zu den zierlichsten Grünalgen. Ihre Zellen sind halbmondförmig, durch Einschnürungen zweigeteilt oder strahlenförmig.

① Mondsichel; 0,1 bis 0,4 mm lang; Chloroplasten als flache Längsplatten; in einer Reihe angeordnete „Stärkeherde"; Kalkkristalle an den Zellenden; in nährstoffreichen Gewässern

② Große Mondalge; 0,2 bis 0,8 mm lang; Chloroplasten als Längsplatten; viele „Stärkeherde" in der Zelle verteilt; Gipskristalle an den Zellenden; in Tümpeln und Teichen

③ Strahlenstern; 0,1 bis 0,2 mm lang; beide Halbzellen mit mehreren Lappen; Chloroplasten als Längsplatten; viele „Stärkeherde" in der Zelle verteilt; Gipskristalle an den Zellenden; sumpfige Seeufer

④ Dörnchen-Zieralge; 0,04 bis 0,05 mm groß; an den seitlichen Rändern etwa je 8 Warzen; jede Halbzelle mit jeweils 2 „Stärkeherden"; in Hochmooren

⑤ Sechsarmiger Dornenstern; 0,02 bis 0,03 mm lang, mit Fortsätzen 0,04 bis 0,07 breit; zähnchenbesetzte Fortsätze, die in 2 bis 3 Krönchen enden; im Plankton verschiedener Gewässer

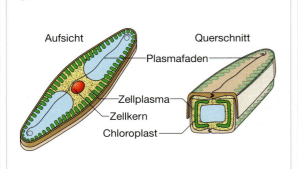

Aufsicht — Querschnitt

Plasmafaden

Zellplasma

Zellkern

Chloroplast

Kieselalgen und ihr Bauplan

3 Bakterien – Lebewesen ohne abgegrenzten Zellkern

3.1 Bakterien sind allgegenwärtig

Wir sehen sie nicht, wir riechen sie nicht und sie sind auch nicht zu fassen. Trotzdem umgeben uns diese Lebewesen in einer unvorstellbaren Anzahl. Es sind **Bakterien.** Erst mit dem Mikroskop entdecken wir sie z. B. als winzige Stäbchen, Kugeln oder Spiralen, die nur aus einer Zelle bestehen. Wir finden sie in der Luft, im Wasser, im Erdboden. Sie gedeihen

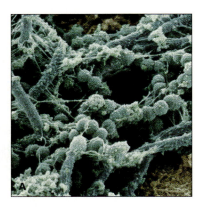

selbst dort, wo es Pflanzen und Tieren zu heiß, zu kalt, zu sauer oder zu salzig ist. Selbst in heißen Schwefelquellen und brodelnden Schlammlöchern von Geysiren gedeihen bestimmte Bakterienarten. Sie leben am und im Körper von Pflanzen, Tieren und Menschen. Hättest du geahnt, dass es in einer Handvoll Erde oder in unserem Mund mehr Bakterien gibt, als jemals Menschen auf der Erde gelebt haben? Wie gelingt es aber den Bakterien, in so unterschiedlichen Lebensräumen zu existieren?
Häufig denken wir bei Bakterien zuerst an Krankheitserreger. Tatsächlich verursacht nur eine ganz geringe Anzahl der zwischen 400 000 bis 4 000 000 geschätzten

1 Bakterien. A im Zahnbelag (kugel- und stäbchenförmige Gestalt); B kultiviert auf einer Luftfangplatte; C an einer Nadelspitze

Arten Krankheiten beim Menschen. Die weitaus meisten Arten sind für Mensch, Tier und Pflanze nicht nur harmlos, sondern sie erfüllen wichtige Aufgaben. Beim Menschen z. B. siedeln zahlreiche Arten auf der Haut und in den Schleimhäuten und schützen uns vor Krankheitserregern. Auch im Darm leben einige Arten. Dort unterstützen sie die Verdauung. Im Pansen eines Rindes z. B. kom-

men in 1 ml Flüssigkeit etwa 100 Mrd. Bakterien vor. Nur mit ihrer Hilfe wird die aufgenommene Nahrung so weit aufbereitet, dass sie vom Rind weiter verdaut werden kann.
An den Wurzeln von Schmetterlingsblütengewächsen wie Lupine, Klee, Luzerne und Erbse verursachen Bakterien Wucherungen, die wie kleine Knollen aussehen. Die Bakterien leben in den Zellen dieser Knöllchen. Sie machen dort den Stickstoff der Bodenluft für die Ernährung der Wirtspflanze nutzbar. Im „Gegenzug" ernähren sich die Bakterien von Stoffen der Pflanze. Ein solches Zusammenleben zu gegenseitigem Nutzen bezeichnet man als *Symbiose.*
Ohne Bakterien wäre ein Leben auf der Erde nicht möglich. Bakterien stehen daher nicht ohne Grund am Beginn allen Lebens auf der Erde vor etwa 4 Mrd. Jahren.

2 Wurzelknöllchen

> Bakterien sind mikroskopisch kleine, einzellige Lebewesen, die in allen Lebensräumen vorkommen.

1 Wie viele Bakterien der Stäbchenform müsstest du aneinander legen, um 1 mm zu erhalten? Orientiere dich anhand der Abb. 4, S. 81.
2 Wenn Landwirte Lupinen anbauen und dann unterpflügen, verfolgen sie damit ein bestimmtes Ziel. Erkläre.

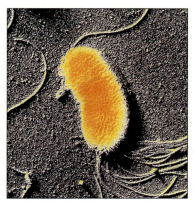

1 Begeißeltes Bakterium

3.2 Bakterien – kleinste einzellige Lebewesen

Wenn wir uns die Hände geben oder einen Geldschein anfassen, denken wir meist nicht daran, dass dabei auch Bakterien übertragen werden. Man kann diese nur etwa 1/1000 mm großen Lebewesen jedoch auch „sichtbar" machen, indem man sie auf einem keimfreien Nährboden züchtet und sich stark vermehren lässt. Es entstehen dann Kolonien von Millionen von Bakterien. Sie werden so groß, dass man sie als Punkte auf dem Nährboden sehen kann.

Unter dem Mikroskop entdeckt man dann ganz unterschiedliche Formen. Neben *Stäbchen* in Stab-, Keulen- und Kommaform sieht man

auch kugelförmige Bakterien, die *Kokken.* Letztere können einzeln, kettenförmig oder in Trauben angeordnet sein. Auch schraubenförmige Bakterien (*Spirillen*) kann man unter dem Mikroskop erkennen.
Alle Bakterien zeigen jedoch einen gemeinsamen Bauplan. Eine Bak-

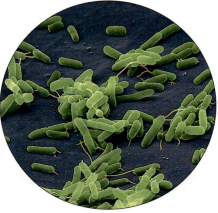

3 Stäbchenförmige Bakterien

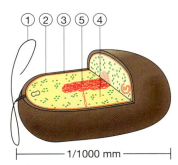

4 Bakterienzelle. ① *Geißel;*
② *Zellwand;* ③ *Zellmembran;*
④ *Zellplasma;* ⑤ *Kernsubstanz*

terienzelle wird nach außen von einer festen *Zellwand* begrenzt. Diese ist bisweilen von einer Schleimhülle oder Kapsel umgeben. Nach innen folgt unterhalb der Zellwand die *Zellmembran.* Diese umschließt das *Zellplasma.* Die *Erbsubstanz* liegt frei im Zellplasma und ist von keiner Kernhülle umschlossen. Bakterien haben also keinen gegen das Plasma abgegrenzten Zellkern. Viele Arten

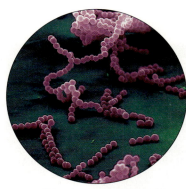

5 Kugelförmige Bakterien (Kokken)

bewegen sich mithilfe von *Geißeln* fort.
Bakterien vermehren sich durch eine spezielle Zellteilung, die man **Spaltung** nennt. Innerhalb eines Tages können so aus einer Zelle mehr Bakterien entstehen, als es Menschen auf der Erde gibt. Manche Bakterien bilden auch Dauerstadien, die man *Sporen* nennt. In dieser Form können sie ungünstige Umweltbedingungen oft jahrelang überstehen.

Bakterien sind kleinste einzellige Lebensformen ohne abgegrenzten Zellkern. Sie vermehren sich ungeschlechtlich.

1 Weise die Inhalte des Erschließungsfeldes „Vielfalt" bei den Bakterien nach.

6 Schraubenbakterien (Spirillen)

2 Kommaförmige Bakterien (Vibrionen)

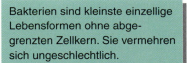

3.3 Bakterien – vielseitige „Helfer" des Menschen

1 Mit Bakterien hergestellte Lebensmittel

Wenn unbehandelte Frischmilch einige Zeit offen steht, wird sie sauer und schließlich dick. Es hat sich *Dickmilch* gebildet, für manche eine köstliche Speise in der warmen Jahreszeit. Für diese Veränderung sind **Milchsäurebakterien** verantwortlich. Die Milch ist für sie ein idealer Nährboden, in dem sie sich rasch vermehren können. Sie bauen den *Milchzucker* zu *Milchsäure* ab. Diese lässt das Milcheiweiß gerinnen und verklumpen. Sie verhindert zunächst auch, dass sich *Fäulnisbakterien* vermehren können und das Milchprodukt ungenießbar machen.

Diese Umwandlung der Milch durch Bakterien nutzt man auch bei der Herstellung von Milchprodukten wie Jogurt, Quark, Kefir und Käse. Vor der „Veredelung" der Rohmilch wird diese zunächst *pasteurisiert*. Bei diesem nach PASTEUR benannten Verfahren wird die Milch kurze Zeit auf 72–75 °C erhitzt, um die meisten Bakterien sowie Hefe- und Schimmelpilze abzutöten. Danach setzt man der Milch, je nachdem, welches Produkt erzielt werden soll, bestimmte Bakterien zu.

Auch bei der Herstellung und Konservierung von Sauerkraut aus Weißkohl sowie von Silage – einem Futtermittel aus Gras, Rübenblättern oder gehäckselten Maispflanzen – „helfen" Milchsäurebakterien. Das Viehfutter wird entweder in Kunststofffolien gepresst, in Mieten gelagert und verdichtet oder in Futtersilos gefüllt und anschließend luftdicht abgeschlossen. Dort setzen unter Luftabschluss Bakterien eine Gärung in Gang. Durch ihre Tätigkeit wandeln sie einen Teil der pflanzlichen Stärke in Milchsäure um. Diese verhindert, dass die Pflanzenmasse fault und sich Schimmelpilze bilden können.

2 Futtermiete mit Silage

Garten- und Küchenabfälle gelangen entweder in die BIO-Tonne und/oder auf den Komposthaufen im eigenen Garten. Dort zersetzen Pilze und Bodentiere das pflanzliche Material. Wichtig ist dabei auch die „Arbeit" der Bakterien. Schon kurze Zeit, nachdem z. B. frischer Rasenschnitt auf den Komposthaufen gelangt ist, bildet sich in ihm eine Temperatur von bis zu 60 °C. Das deutet auf die Tätigkeit von Bakterien hin. Sie zerlegen Zellulose und Stärke in den Pflanzen zu Wasser und Kohlenstoffdioxid. Dabei wird Energie in Form von Wärme freigesetzt. Auf diese Weise tragen Bakterien zur Zersetzung von Biomasse bei. Als Endprodukt entsteht wertvoller *Humus*.

3 Dampfender Misthaufen

Bakterien „helfen" uns auch in den Klärwerken bei der *Abwasserreinigung*. Sie zersetzen die organischen Abfälle zu Wasser, Kohlenstoffdioxid und Mineralstoffen und bewirken, dass nur geklärtes Wasser in die Gewässer gelangt.

Anfallender Schlamm wird von Bakterien unter Luftabschluss so zerlegt, dass dabei ein brennbares Biogas entsteht. Dieses lässt sich zur Wärme- und Stromerzeugung nutzen.

Selbst in unserem Dickdarm leben zahlreiche Bakterienarten, die an der Verdauung und Vernichtung von eingedrungenen Krankheitserregern beteiligt sind.

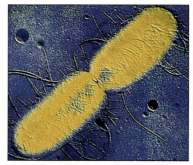

4 Escherichia coli aus dem Dickdarm des Menschen (in Teilung)

> Bakterienarten werden zur Lebensmittelproduktion, zur Produktion von Silage, zum Abbau organischer Stoffe sowie zur Biogas-Erzeugung genutzt.

Bakterien in Haushalt und Garten

Benutze für alle Versuche im Haushalt gut gereinigte Geräte und Gefäße.

V 1 Aus Vollmilch wird Sauermilch

Material: 250 ml frische Vollmilch; flache Schale; Mikrowellenfolie; Löffel
Durchführung: Gib die Milch in die Schale. Bedecke diese mit der Folie. Stelle die Schale 2 bis 3 Tage an einen warmen Ort (ca. 25 °C), bis die Milch dick geworden ist.
Aufgaben: a) Erläutere, wie es zur Bildung von Dickmilch gekommen ist.
b) Beschreibe Beschaffenheit und Geschmack.

V 2 Aus Milch wird Jogurt

Material: 500 ml H-Milch; 1 Becher Biojogurt; 1 Kochtopf; 6 kleine Schraubgläser mit Deckel (je ca. 100 ml); 1 Thermometer; Teelöffel; Herd; Kühlschrank
Durchführung: Erwärme die Milch im Topf langsam unter ständigem Rühren auf ca. 70 °C. Lass sie anschließend im zugedeckten Topf auf etwa 40 °C abkühlen. Gib in jedes Glas einen Löffel Jogurt und füge dann die etwa 40 °C warme Milch hinzu. Rühre um, sodass eine gleichmäßige Durchmischung entsteht. Verschließe die Gläser. Stelle sie 15 Minuten in einen auf 50 °C vorgeheizten Herd. Schalte den Herd ab. Lass die Gläser noch etwa 6 Std. im geschlossenen Herd stehen. Stelle sie dann in den Kühlschrank.
Aufgaben: a) Erläutere, wie es zur Bildung des Jogurts gekommen ist und begründe die einzelnen Schritte.
b) Beschreibe Beschaffenheit und Geschmack.

V 3 Aus Milch wird Quark

Material: 2 l Vollmilch; Klarsichtfolie; Schale; Leinenbeutel; Gummibänder; Topf; Löffel
Durchführung: Stelle nach V 1 Dickmilch her. Hänge den Leinenbeutel in den Topf und befestige ihn. Gieße die Dickmilch in den Beutel und lass sie abtropfen. Entnimm dem Beutel den frischen Quark.
Aufgaben: a) Erläutere, wie aus Milch Quark wird.
b) Beschreibe Beschaffenheit und Geschmack.
c) Wodurch unterscheiden sich Dickmilch und Quark?

V 4 Aus Weißkohl wird Sauerkraut

Material: 1 Weißkohl; Kochsalz; 1 Stampfer; Schüssel; großes Einmachglas mit Deckel; Untersetzer und Porzellanschale passend zum Durchmesser des Glases; Küchenhobel; Küchenbrett; Küchenwaage; Holzlöffel; Gabel; Ziegelstein
Durchführung: Schneide den Kohl in feine Streifen. Gib die Schnitzel in die Schale und vermische diese mit dem Salz. Man rechnet 2–3 g Salz/100 g. Gib den Kohl schichtweise in das Glas und stampfe die Schichten jedesmal fest in das Glas. Im $^3/_4$ gefüllten Glas soll der Kohl vom eigenen Saft bedeckt sein. Lege nun den Untersetzer oben auf. Presse die Porzellanschale auf den Untersetzer. Verschließe das Glas mit dem Glasdeckel, indem die Porzellanschale noch etwas niedergedrückt wird und beschwere den Deckel mit dem Ziegelstein. Stelle den Weißkohl etwa 14 Tage an einen kühlen Ort.
Aufgaben: a) Beobachte während der nächsten 14 Tage die Vorgänge im Glas. Beschreibe diese.
b) Beschreibe, wie sich der Kohl nach 14 Tagen verändert hat.
c) Entnimm dem Glas eine Kostprobe und beschreibe das Ergebnis.

V 5 Zersetzung von Gartenabfällen

Material: frischer Rasenschnitt; großer Karton; Thermometer (bis 100 °C)
Durchführung: Schneide in die Seiten des Kartons mehrere große Löcher. Fülle den Karton randvoll mit Rasenschnitt.
Aufgaben: a) Prüfe über mehrere Tage morgens, mittags und abends die Temperatur im Grasschnitt. Vergleiche diese mit der Außentemperatur. Notiere.
b) Erläutere die Ergebnisse aus Aufgabe a).
c) Beschreibe Aussehen und Geruch. Welche Folgerungen ziehst du daraus?

3.4 Bakterien verursachen Infektionskrankheiten

Im Herbst und Winter bekommt man bei nasskaltem Wetter oft eine Erkältung. Meist kündigt sich eine solche Erkrankung durch Beschwerden beim Schlucken an, manchmal treten Kopfschmerzen und Mattigkeit auf. Schließlich entzünden sich die Schleimhäute der Nase und des Rachens, die Mandeln röten sich, Schnupfen, Husten und Heiserkeit kommen hinzu. Derartige Merkmale einer Krankheit nennt man **Symptome.** In der Regel klingen die Symptome einer Erkältung nach einigen Tagen wieder ab, das Krankheitsgefühl verschwindet. Manchmal werden nicht nur die oberen Atemwege erfasst. Bei einer *Bronchitis* entzünden sich auch die Schleimhäute in den Bronchien. Um eine solche schwere Erkältung, die mit *Fieber* einhergeht, zu heilen, ist Bettruhe nötig. Das Fieber ist ein Zeichen dafür, dass der Körper die Erreger bekämpft.

Die Erreger von Erkältungskrankheiten sind meist **Bakterien.** Mit jedem Atemzug gelangen einige dieser kleinen einzelligen Lebewesen in unseren Körper. Meist werden sie aber schon an den Schleimhäuten der oberen Atemwege abgetötet oder an Schleim gebunden ausgehustet. Im Herbst und Winter wird dieses Verteidigungssystem jedoch durch Nässe und Kälte oft so geschwächt, dass sich Bakterien in den Schleimhäuten der Atemwege festsetzen können. Sie vermehren sich dann rasch. Dadurch und durch die Abgabe von Giften aus dem Stoffwechsel der Bakterien kommt es zu den Entzündungen der Atemwege mit den typischen Krankheitssymptomen.

Die meisten Bakterien, mit denen der Körper in Berührung kommt,

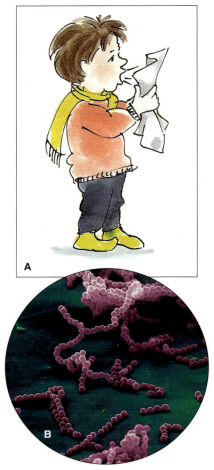

1 Erkältung. A Mandelentzündung; *B Erreger (mikroskopisches Bild)*

sind harmlos. Nur einige wenige Bakterienarten lösen Infektionskrankheiten aus, die ganz unterschiedliche Krankheitssymptome aufweisen können.

Viele durch Bakterieninfektionen hervorgerufene Krankheiten sind ansteckend. Sie werden von Mensch zu Mensch weitergegeben. Bei Erkältungskrankheiten erfolgt diese Ansteckung durch Niesen und Husten. Dabei gelangen kleine Flüssigkeitströpfchen mit Bakterien in die Atemluft. Menschen, die diese Tröpfchen einatmen, können ebenfalls erkranken; sie haben sich angesteckt. Erkranken in einem Gebiet viele Menschen innerhalb kurzer Zeit an der gleichen Infektionskrankheit, spricht man von einer **Epidemie** (Seuche).

Ein widerstandsfähiger Körper wird nur selten von einer Infektionskrankheit befallen. Häufige Bewegung und sportliche Aktivität an der frischen Luft, ausreichend Schlaf sowie eine gesunde Ernährung sind die beste Vorbeugung gegen Infektionen.
Einige bakterielle Infektionskrankheiten kann man nur durch eine Schutzimpfung vorbeugen. Dazu zählen zum Beispiel Wundstarrkrampf (Tetanus), Diphtherie und Keuchhusten.

Bakterien können verschiedene Infektionskrankheiten hervorrufen. Die Erreger vermehren sich dabei im Körper und schädigen den Menschen durch die Abgabe von Stoffwechselgiften.

1 Begründe, warum die Menschen in früheren Jahrhunderten Infektionskrankheiten gegenüber hilflos waren. Verwende zur Beantwortung auch die Seiten 85 und 88.
2 Ordne die Erreger der Mandelentzündung einer Bakterienform zu.

BAKTERIELLE INFEKTIONSKRANKHEITEN

Pinnwand

Krankheit	Ansteckung	Inkubationszeit	Krankheitsanzeichen
Keuchhusten	Tröpfcheninfektion, durch Husten und Niesen	7 - 14 Tage	Niesen, Schnupfen, Heiserkeit; krampfartiges Husten; heftige Hustenstöße; Fieber
Diphtherie	Tröpfcheninfektion, durch Husten, Niesen und Küssen	2 - 7 Tage	Belag auf Gaumen und Rachen; Übelkeit; Schluck- und Atembeschwerden
Wundstarrkrampf (Tetanus)	Erdverschmutzungen von Wunden; Splitter; Dornen	4 - 14 Tage	Muskelversteifungen im Nacken und in der Kaumuskulatur (Kiefersperre); krampfartige Starre des Körpers
Scharlach	Speicheltröpfchen; Berührung infizierter Gegenstände	1 - 4 Tage	hohes Fieber; Halsschmerzen; rote Zunge (Himbeerzunge); stecknadelgroßer roter Hautausschlag
Typhus	verschmutztes Wasser; verunreinigte Lebensmittel; Unrat	2 - 3 Wochen	Fieber; wasserdünner Durchfall; Ausschlag an Brust, Oberschenkel, im Lendenbereich
Tuberkulose (Tbc)	Tröpfcheninfektion; Haut- und Schleimhautwunden; infizierte Milch	20 - 60 Tage	Entzündungsherde in der Lunge; Fieber; Husten; Brustschmerzen; Gewichtsverlust

1 Informiere dich z.B. im Internet über eine bakterielle Infektionskrankheit und berichte darüber. Denke dabei an Art der Erreger, Ansteckung, Symptome und Schutz.

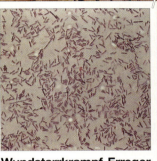

Wundstarrkrampf-Erreger

Gewusst …?

- …dass weltweit jährlich etwa 51 Mio. Menschen an Keuchhusten erkranken und 600.000 daran sterben?
- …dass 20 - 30% der Tetanus-Erkrankten sterben?
- …dass es im Jahre 1994 in Russland etwa 48.000 Erkrankungen an Diphtherie gab und davon 1.700 tödlich verliefen?
- …dass man sich vorbeugend gegen Wundstarrkrampf (Tetanus), Diphtherie und Keuchhusten impfen lassen kann?

2 Gib mit deinen Worten den Zeitungsbericht über die Pest aus dem Jahr 1680 wieder.

Leipzig/vom 12. Septembris. Die Contagion reisset leider allhier dermassen ein/ und nimmet so starck zu/daß es mit uns einen erbärmlichen Zustand gewinnet. Der Pestilentz-Priester / wie auch der Medicus und Barbierer sind alle drey gestorben / und sterben täglich 24 bis 25 und mehr/ welche bey nächtlicher Zeit hinaus geschleppet werden. Die Leichenträger und Todtengräber sterben auch weg / ist also grosses Elend und Confusion hier vorhanden. Zu Dreßden sind vor 14 Tagen 281 und vor acht Tagen 289 Menschen gestorben / ist also daselbst ebenfalls ein erbärmlicher Zustand; andere Städte dieses Landes und benachbarte Dörffer beginnen auch angestecket zu werden. / befürchtet man also / es werde eine Universal-Landplage daraus werden. Wir sind von allen unsern Nachbaren bannisieret / und darf niemand weder zu uns noch von uns reisen / liget also alle Handlung / und ist eine schlechte Michaelis-Messe zu hoffen. In Summa / wir sind sehr übel dran / die Armuth leidet grosse Noth / und die sonst ihr Außkommen gehabt / werden arm aus Mangel der Nahrung.
Dienstagischer Mercurius (Berlin) 1680. 38. Woche

Tuberkulose: 150.000 neue Kranke
dpa 20.03.1999 Eschborn. Tuberkulose breitet sich weltweit wieder stark aus. Jede Woche erkranken rund 150.000 Menschen daran, teilte die Gesellschaft für Technische Zusammenarbeit in Frankfurt mit. Ein Drittel der Weltbevölkerung trage den Erreger in sich. 95% aller Tuberkulosefälle treten in den Entwicklungsländern auf.

3.5 Aufruhr im Verdauungstrakt

Im Altenheim von Bad S. stand auf dem Speiseplan zu Mittag Hühnerfrikassee mit Reis und als Nachtisch gab es einen Pudding, bei dem Eischnee untergeschlagen worden war. Am Abend klagten einige Bewohner über Übelkeit und Kopfschmerzen. In der Nacht bekamen viele einen Brechdurchfall. Der herbeigerufene Arzt vermutete als Ursache eine **Lebensmittelvergiftung.** Als am nächsten Tag von den 165 Altenheimbewohnern 95 erkrankt waren, stand fest: Das Essen vom Vortag war mit Bakterien verunreinigt gewesen. Die Bewohner hatten sich mit **Salmonellen** angesteckt oder *infiziert*. Der Arzt informierte sofort das zuständige Gesundheitsamt; denn bei der Salmonellose handelt es sich um eine meldepflichtige Infektionskrankheit.

Die Übertragung erfolgt häufig im Zusammenhang mit wasser- und eiweißreichen Lebensmitteln tierischer Herkunft. Dazu gehören nicht erhitzte Eier- und Milchspeisen, Speiseeis, sahne- und roheihaltige Backwaren, Fleisch- und Wurstwaren sowie Geflügel, Feinkostsalate und Majonäse. Besonders in der heißen Jahreszeit ist die Gefahr einer Salmonelleninfektion groß, da sich die Bakterien dann rasch vermehren. Wenn man z. B. einen Fleischsalat nur eine Stunde bei 25 °C bis 30 °C stehen lässt, hat sich die Zahl der Salmonellen in dieser Zeit bereits verdoppelt. Daher ist es besser, über Tage gelagerte Speisen lieber wegzuwerfen als sie zu verzehren und sich dabei einer Salmonellose auszusetzen.
Die Bakterien werden durch Einfrieren nicht abgetötet. Sie überleben tiefgefroren und können sich bei Zimmertemperaturen wieder vermehren. Nur durch Kochen und gutes Durchbraten werden die Bakterien abgetötet.

Krank durch Salmonellen

An salmonellenverseuchtem Eis sind in Erzhausen mehr als 100 Menschen erkrankt, die in derselben Eisdiele gespeist hatten. Ein Arzt hatte das Gesundheitsamt informiert, weil es bei ihm einen Ansturm von Patienten mit Magenbeschwerden, Erbrechen und Durchfall gegeben hatte. Der Eissalon ist sofort geschlossen worden. Als Ursache kommt vermutlich verseuchtes Eipulver infrage.

Bei der Ansteckung mit Salmonellen dauert es bis zum Ausbruch der Krankheit nur eine kurze Zeit. Diesen Zeitraum bezeichnet man als **Inkubationszeit.** Hat man sich mit Salmonellen infiziert, kommt es zu Kopf- und Bauchschmerzen, Erbrechen und Durchfällen sowie Fieber. Alle diese Symptome werden von Giften ausgelöst, die im Magen-Darm-Trakt freigesetzt werden. Sie schädigen die Magen- und die Darmschleimhaut.

Der menschliche Körper ist der Infektionskrankheit meist nicht schutzlos ausgeliefert. Er mobilisiert seine Abwehrkräfte und meist schon nach 3–5 Tagen klingen die Krankheitserscheinungen wieder ab. Durch Medikamente wie **Antibiotika** kann die Krankheit verkürzt werden. Ein Antibiotikum ist ein Stoff, der die Bakterien so schwächt, dass sie nicht mehr wachsen und sich vermehren können und schließlich absterben. Trotz des Einsatzes von Antibiotika sind besonders alte Menschen und Kleinkinder durch eine Salmonellose gefährdet.

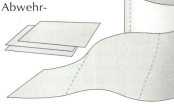

1 Infektionskette einer Salmonellenerkrankung

Es gibt aber auch noch andere bakterielle Durchfallerkrankungen, die weitaus gefährlicher sind als die Salmonellose. Hierzu gehören *Typhus, Paratyphus* und *Cholera.* Diese Krankheiten kommen vor allem in Entwicklungsländern in Gebieten mit schlechten hygienischen Verhältnissen vor. Die Menschen infizieren sich über verunreinigte Nahrungsmittel sowie verschmutztes Trinkwasser aus Seen und Flüssen. Da sich die Krankheiten rasch ausbreiten können und große Teile der Bevölkerung davon betroffen sind, spricht man von einer **Seuche.**

Die **Cholera** ist eine weltweit verbreitete Seuche, die seit über 2 000 Jahren bekannt ist. Sie war ursprünglich nur auf das Gangesdelta in Indien beschränkt, breitete sich dann aber vor rund 200 Jahren nach und nach über die ganze Welt aus. In Hamburg zum Beispiel starben 1892 in nur 6 Wochen über 8 000 Menschen an Cholera. Im Bürgerkrieg im afrikanischen Ruanda starben 1994 innerhalb von 3 Wochen ca. 12 000 Menschen. Viele Leichen wurden ins Wasser geworfen, das den Menschen auch als Trinkwasser diente.

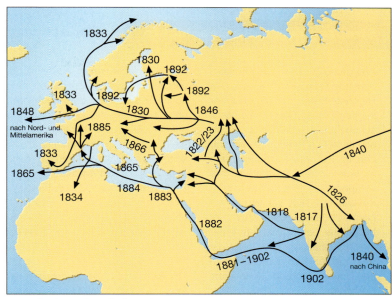

3 *Ausbreitung der Cholera ab 1817*

Bakterien können Infektionskrankheiten hervorrufen. Zu diesen gehören u. a. Salmonellose, Typhus, Paratyphus und Cholera. Die Infektion erfolgt über verseuchte Lebensmittel und verseuchtes Trinkwasser.

1 Beschreibe den möglichen Verlauf einer Salmonellose anhand der Abbildung 1.

2 Nenne Gründe, weshalb die Salmonellose zu den meldepflichtigen Krankheiten gehört.

3 Beschreibe die Ausbreitung der Cholera anhand der Abbildung 3. Nenne mögliche Gründe.

Tipps zum Schutz vor Salmonelleninfektion

▶ Für Speisen nur frische Eier verwenden. Das Datum der Mindesthaltbarkeit muss auf der Verpackung stehen. Es beträgt höchstens 28 Tage.

▶ Spätestens ab dem 18. Tag nach dem Legen müssen Eier zwischen 5°C und 8°C gekühlt aufbewahrt werden.

▶ Speisen, die mit rohen Eiern zubereitet und vor dem Verzehr nicht erhitzt wurden, müssen sofort gegessen werden.

▶ Wenn man Speisen auf über 70°C durcherhitzt, werden Salmonellen abgetötet.

▶ Hackfleisch, Geflügel und Fisch sollten - wenn nicht gekocht - stets gut durchgebraten verzehrt werden.

▶ Schnittbretter und andere Unterlagen, die mit rohem Fleisch oder Abtauwasser in Berührung gekommen sind, müssen mit heißem Wasser und Spülmittel gereinigt werden, ehe darauf andere Lebensmittel verarbeitet werden.

▶ Nach dem Stuhlgang stets die Hände gründlich waschen.

▶ An heißen Tagen mit Lebensmitteln noch vorsichtiger umgehen, da sich Erreger schneller vermehren als an kalten Tagen.

22

23

2 *Verhaltensmaßnahmen zum Schutz vor Lebensmittelvergiftungen*

Streifzug durch die Geschichte

Der schwarze Tod geht um

Aus dem Jahr 1347 wird Folgendes überliefert: In einer kleinen Hafenstadt am Schwarzen Meer klagten eines Tages viele Menschen über stechende Kopfschmerzen, Fieber und Schwäche. Ihr Puls raste, sie begannen zu taumeln und zu stottern. Ihre Lymphdrüsen schwollen an, später bildeten sich schwarze Flecken auf der Haut und nach fünf bis sechs Tagen starben viele. Der schwarze Tod ging um – die **Pest.** In Windeseile breitete sich die Seuche damals über ganz Europa aus.

In den nächsten 400 Jahren kam es zu immer neuen Pestepidemien. Dabei starben mehr Menschen als durch alle anderen Krankheiten oder Kriege zusammen. Die Ärzte waren machtlos. Sie versuchten sich selbst durch eine schwere Lederkleidung und einen schnabelförmigen Nasenschutz, der allerlei wohlriechende Kräuter enthielt, vor der „schlechten Luft" zu schützen, die ihrer Meinung nach die Krankheit verursachte.

Erst Ende des 19. Jahrhunderts wurden die Erreger der Pest entdeckt. Es sind Bakterien, die zunächst kleine Nagetiere befallen, vor allem Ratten. Auf den Ratten leben fast immer Blut saugende Flöhe. Sterben die Ratten an der Pest, müssen sich die Flöhe neue Wirte suchen, z. B. Menschen. Dabei übertragen sie durch ihren Stich die Pesterreger auf den Menschen. Heute tritt die Pest nur noch selten auf.

1 Pestarzt mit Kräutermaske

Streifzug durch die Medizin

Robert KOCH

1873 wurde Robert KOCH (1843–1910), der damals als Landarzt tätig war, ein verendeter Hirsch gezeigt, dessen Blut schwarz wie Kohle war. Der Arzt untersuchte eine Blutprobe unter dem Mikroskop und fand dabei kleine helle Stäbchen. Die gleichen Stäbchen konnte er auch im Blut von Schafen und Rindern nachweisen, die an *Milzbrand* erkrankt waren. An dieser Krankheit starben damals viele Haustiere. In seinem kleinen Laboratorium gelang es KOCH, die Stäbchen in einer Nährflüssigkeit künstlich zu züchten. Dabei entdeckte er, dass es Bakterien waren, die winzige Dauerstadien ausbildeten, so genannte Sporen.

Wenn der Arzt Mäuse mit diesen Sporen oder den Bakterien infizierte, erkrankten die Tiere an Milzbrand. Damit hatte Robert KOCH bewiesen, dass die

1 Robert KOCH bei der Arbeit

Bakterien und ihre Sporen den Milzbrand hervorriefen, also die Erreger dieser Krankheit waren. Dies war ein entscheidender Durchbruch. Denn wenn man die Erreger kannte und sie züchten konnte, war auch die Hoffnung vorhanden, Möglichkeiten zur Bekämpfung der Krankheit zu finden.

Ende des 19. Jahrhunderts setzte geradezu eine Jagd auf die Erreger von Infektionskrankheiten ein. Robert KOCH selbst entdeckte dabei auch die Erreger der *Cholera* und der *Tuberkulose,* beides Krankheiten, die den Menschen bedrohen. Für seine Entdeckungen wurde Robert KOCH 1905 mit dem Nobelpreis geehrt. Er gilt zusammen mit dem Franzosen Louis PASTEUR (1822–1895) als Begründer der modernen Bakterienforschung.

„Kampf den Bakterien"

V 1 Haltbarmachen von Lebensmitteln durch Pasteurisieren

Beim Pasteurisieren werden flüssige Lebensmittel erhitzt.

Material: 1 l Vollmilch; 2 Schalen; Topf; Herd; Thermometer (bis 100 °C); Klarsichtfolie

Durchführung: Lass die Milch etwa einen Tag offen stehen. Erhitze danach 500 ml Milch im Topf bis auf ca. 85 °C. Gib die erhitzte Milch in die eine Schale, die nicht behandelte Milch in die andere Schale. Bedecke beide mit Klarsichtfolie und stelle sie an einem warmen Ort auf (ca. 20 °C).

Aufgaben: a) Entnimm an den folgenden Tagen je eine Probe und koste. Vergleiche. Was stellst du fest? Erläutere deine Feststellungen.

A 2 So lassen sich Lebensmittel haltbar machen

Bakterien können Lebensmittel verderben. Damit diese längere Zeit haltbar bleiben, gibt es verschiedene Konservierungsmethoden.

a) Nenne die Konservierungsmethoden, die unten in der Abbildung dargestellt sind. Begründe ihre Wirksamkeit.

A 3 Kampf der Karies (Zahnfäule)

In der menschlichen Mundhöhle leben über 100 verschiedene Bakterienarten. Einige davon greifen den Zahnschmelz an.

a) Beschreibe die folgenden Abbildungen und erläutere diese.

1 Gepflegte Zähne

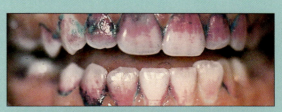

2 Ungepflegte Zähne (Zahnbeläge angefärbt)

b) Informiere dich über die Entstehung von Karies. Leite Regeln zur Zahnpflege ab.

Prüfe dein Wissen   ## Zellen und Einzeller

A1 Die schematische Abbildung zeigt eine Pflanzenzelle im Lichtmikroskop.

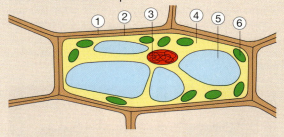

a) Ordne den Ziffern die richtigen Begriffe zu.
b) Begründe, warum diese Zelle eine grüne Pflanzenzelle ist.
c) Nenne Zellbestandteile, die Pflanzen- und Tierzelle gemeinsam haben.

A2 Wodurch unterscheidet sich eine Pflanzenzelle von einer tierischen Zelle? Nenne drei Merkmale.

A3 Die mikroskopischen Aufnahmen zeigen Tier- und Pflanzenzellen. Benenne sie und ordne sie richtig zu. Begründe deine Entscheidung.

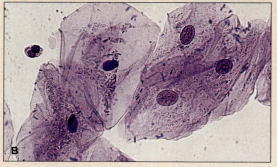

A4 Die Körper der Tiere und des Menschen bestehen aus unterschiedlichen Zellen.

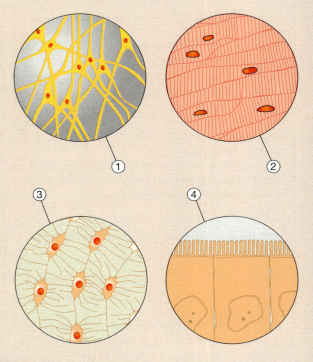

a) Ordne den Ziffern die richtigen Begriffe zu.
b) Wende das Erschließungsfeld „Bau und Funktion" auf ④ an.

A5 Lebewesen wachsen durch Zellteilung. Welche der folgenden Aussagen treffen zu?
a) Bei der Zellteilung teilt sich zuerst der Zellkern.
b) Bevor sich der Zellkern teilt, entsteht eine neue Zellzwischenwand.
c) Die Tochterzellen sind zunächst kleiner als die Mutterzelle.
d) Die Zellteilung ist die Voraussetzung für das Wachstum von Pflanzen.
e) Menschliche Zellen können sich nicht teilen.
f) Die Zellteilung ist eine Form der ungeschlechtlichen Fortpflanzung.

A6 Einzeller zeigen typische Kennzeichen aller Lebewesen. Orientiere dich am Beispiel des Pantoffeltierchens und zähle sie auf.

A 7 a) Benenne den abgebildeten Einzeller und seine Teile.
b) Wie ernährt sich dieser Einzeller?

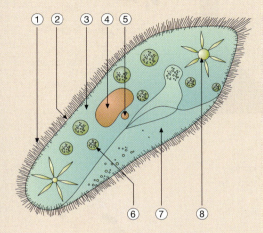

A 8 Die Abbildung zeigt verschiedene Einzeller.

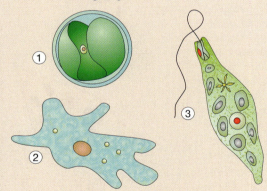

a) Benenne die Einzeller.
b) Gib an, wie sich diese Einzeller ernähren.
c) Gib an, wie sie sich fortbewegen.

A 9
Erkläre die Ausbreitung der Pest.

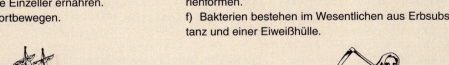

A 10 Bauplan eines Bakteriums

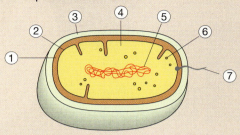

a) Ordne den Ziffern in der schematischen Zeichnung die entsprechenden Begriffe zu.
b) Vergleiche die Bakterienzelle mit einer Tierzelle.
c) Wende das Erschließungsfeld „Fortpflanzung" auf Bakterien an

A 11 Jeden Tag können wir uns mit Infektionskrankheiten infizieren.
a) Was versteht man unter einer Infektionskrankheit?
b) Entscheide, welche der folgenden Krankheiten von Bakterien verursacht werden: Polio (Kinderlähmung); Keuchhusten; Scharlach; Masern; Tuberkulose; Röteln; Mumps; Wundstarrkrampf.
c) Auf welchen Wegen gelangen Krankheitserreger in den Körper?

A 12 Entscheide, welche Aussagen richtig sind.
a) Bakterien sind mikroskopisch klein.
b) Alle Bakterien sind Krankheitserreger.
c) Bakterien kommen in der Luft, im Wasser und im Boden vor.
d) Milchsäurebakterien werden zur Käse- und Jogurtherstellung genutzt.
e) Stäbchen, Kokken und Viren sind häufige Bakterienformen.
f) Bakterien bestehen im Wesentlichen aus Erbsubstanz und einer Eiweißhülle.

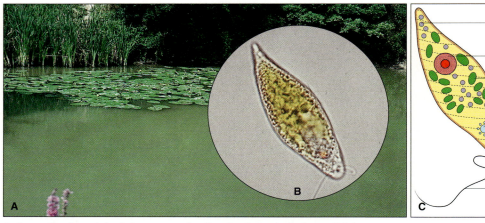

1 **Augentierchen.** **A** im Lebensraum; **B** mikroskopische Aufnahme; **C** Schema

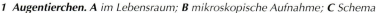

1 Augentierchen sind Einzeller

In einen Tümpel ist Jauche geflossen. Tage später ist das Wasser intensiv grün gefärbt. Untersucht man das Wasser im Mikroskop, findet man neben anderen Einzellern vor allem das spindelförmige, grün gefärbte etwa 0,05 Millimeter große Augentierchen *Euglena*. Die grüne Färbung stammt vom Chlorophyll in den **Chloroplasten.** Mit ihnen kann Euglena über Fotosynthese den Nährstoff Stärke selbst herstellen.

Leben Augentierchen lange im Dunkeln, verlieren sie ihr Chlorophyll. Die Nährstoffe werden dann von außen durch die Zellmembran aufgenommen.

Zur Fortbewegung besitzt Euglena eine **Geißel.** Mit propellerartiger Bewegung zieht sie das Augentierchen durch das Wasser. Dabei dreht sich der ganze Körper um seine Längsachse. Einzeller mit Geißeln gehören zu den **Geißelträgern.**

Wenn man ein Becherglas, in dem sich Wasser mit Augentierchen befindet, von der Seite mit einer Lampe beleuchtet, sammeln sich die Einzeller im Lichtkegel. Sie können also in Richtung einer Lichtquelle schwimmen.

Um die Lichtorientierung und die Fortbewegung des Augentierchens näher zu beschreiben, muss zunächst der Bau der Geißel und der Bau des unter dem Mikroskop sichtbaren orangenen „Augenflecks" betrachtet werden: Die Geißel entspringt dem *Geißelsäckchen* am Vorderende des Augentierchens. Eine zweite kurze Geißel ist hier mit der langen Zuggeißel verschmolzen. An dieser Stelle liegt ein lichtempfindlicher *Fleck*. Bei jeder Umdrehung des Augentierchens wird er vom Augenfleck beschattet. Euglena ändert daraufhin jedes Mal ihre Richtung und schwimmt so auf die Lichtquelle zu. Der Augenfleck ist also nicht wie früher fälschlicherweise angenommen ein Auge. Allerdings ist der Name Augentierchen beibehalten worden.

Das Augentierchen gehört zu den Einzellern. Enthält es Chlorophyll, kann es den Nährstoff Stärke selbst aufnehmen. Ohne Chlorophyll müssen Nährstoffe aufgenommen werden. Es bewegt sich mit seiner Geißel fort und es kann sich zum Licht hin orientieren.

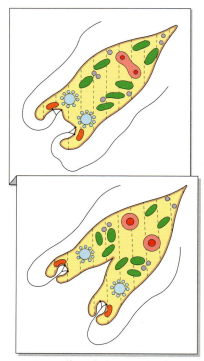

2 **Längsteilung bei Augentierchen**

1 Augentierchen können im Hellen und im Dunkeln leben. Erkläre und nutze dabei das Erschließungsfeld „Angepasstheit".

2 Durch Längsteilung können sich Augentierchen ungeschlechtlich vermehren. Beschreibe diese Form der Vermehrung mithilfe der Abbildung 2.

Einzeller im Heuaufguss

V1 Wir untersuchen Kleinlebewesen im Heuaufguss

In trockenem Heu finden sich bestimmte Bakterien in einem Ruhezustand. Gibt man Wasser auf solches Heu, so vermehren sie sich sehr stark. Diese Bakterien dienen Einzellern – z. B. aus Tümpelwasser – als Nahrung. Die Zahl der Einzeller nimmt nun ebenfalls kräftig zu. Sie können leicht entnommen und unter dem Mikroskop beobachtet werden.

Material: Heu, Einmachglas, Glasscheibe, Tümpelwasser, Mikroskop mit Zubehör, Tapetenkleister

3 Entnahme einer Probe zur Untersuchung

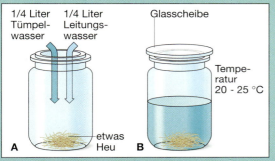

1 Ansetzen eines Heuaufgusses

Durchführung: Gib etwas Heu in das Einmachglas, verfahre weiter wie in den Abbildungen.

Aufgaben: Die Untersuchung sollte frühestens nach drei Tagen durchgeführt werden.

a) Rühre ein wenig Tapetenkleister an. Gib einen Tropfen des Kleisters auf einen Objektträger. Der Kleister verlangsamt die Bewegung der Pantoffeltierchen.

b) Gib nun mit der Pipette einen Tropfen des Heuaufgusses auf den Objektträger und vermenge ihn mit Kleister. Bringe die Wasserprobe unter das Mikroskop, wie in Abbildung 3 zu sehen.

c) Mikroskopiere bei 100facher Vergrößerung. Zeichne die Lebewesen, die du siehst. Versuche, einige davon mithilfe der Abbildung 2 zu bestimmen.

d) Wiederhole die mikroskopische Untersuchung nach einigen Tagen. Was stellst du fest?

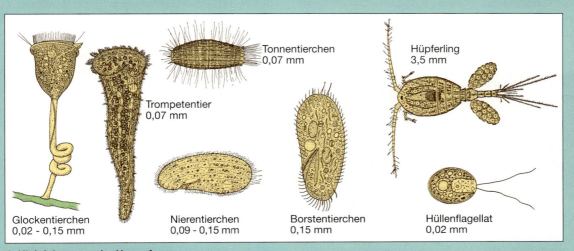

2 Kleinlebewesen im Heuaufguss

1 Bakterien im Boden. *A* Laub; *B* Humus; *C* Bodenbakterien

2 Bakterien spielen eine wichtige Rolle in Lebensräumen

Durch den alljährlichen Laubfall im Herbst hat sich am Boden eines Laubwaldes eine dicke Laubschicht ausgebildet. Untersucht man sie genauer, sieht man, dass die oberen Blätter nur wenig verändert sind. Die weiter unten liegenden Blätter sind dagegen meist stark zersetzt. Ganz unten geht die Laubschicht in eine dunkle, krümelige Erdschicht, den *Humus*, über.

Humus entsteht durch den Abbau abgestorbener Blätter und anderer Reste von Pflanzen und Tieren. Zuerst fressen kleine Bodentiere an diesen Stoffen und zerkleinern sie. Pilze und Bodenbakterien setzen den Abbau immer weiter fort, bis nur noch schwer abbaubare pflanzliche Zellwände und Holzstoff übrig bleiben. Diese unzersetzten Reste bilden zusammen mit Erde krümelige Zusammenlagerungen, den Humus. Bei der Humusbildung setzen die Bodenbakterien auch wichtige Nährsalze frei, die im Humus abgelagert werden und von wachsenden Pflanzen als „Dünger" wieder aufgenommen werden.

Auch in Gewässern leben zahlreiche Bakterien. Massenhaft treten sie vor allem dort auf, wo Abwasser ungereinigt in ein Gewässer eingeleitet wird. Oft kann man dann schon mit bloßem Auge graue, zottige Überzüge an den Steinen im Wasser sehen. Diese Überzüge werden durch fädige Abwasserbakterienkolonien gebildet, die Schmutzstoffe abbauen. Hierbei werden auch Nährsalze freigesetzt. Für diesen Vorgang ist Sauerstoff erforderlich. Bakterien tragen entscheidend zur Selbstreinigung von Gewässern bei.

> Bakterien erfüllen wichtige Aufgaben in vielen Lebensräumen. Im Boden bauen Bakterien Reststoffe ab und setzen dabei wichtige Nährsalze frei. Bakterien helfen bei der Reinigung von Gewässern, indem sie Stoffe abbauen, die das Wasser belasten.

1 Welche Bedeutung haben Bakterien bei der Humusbildung und bei der Selbstreinigung von Gewässern?

2 Erläutere, was passieren würde, wenn es im Boden und Wasser keine Bakterien gäbe.

2 Bakterien im Wasser. *A* verunreinigtes Gewässer; *B* sauberes Gewässer; *C* Kolonien von fädigen Abwasserbakterien

Boden- und Abwasserreinigung

Streifzug durch die Technik

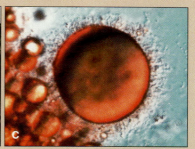

1 Sanierung ölverseuchter Böden. A *Abtragen des Bodens;* **B** *fahrbare Anlage zur biologischen Bodenreinigung;* **C** *Bakterien fressen ein Öltröpfchen*

„Ölunfall: Öl gelangte in den Boden". Bei Unfällen, wie sie diese Zeitungsmeldung beschreibt, ist besonders das Grundwasser gefährdet. Daher muss der ölverseuchte Boden möglichst schnell ausgehoben werden. Den Aushub brachte man bisher auf eine Sondermülldeponie. Günstiger ist es aber, den verseuchten Boden mithilfe von Bakterien zu reinigen. Auf diese Weise kann man den wertvollen Humus erhalten.

Dazu wird der verseuchte Boden in einer industriellen Anlage mit Öl abbauenden Bakterien versetzt, befeuchtet, belüftet und mit neuen Nährsalzen versorgt. Nach einigen Monaten haben die Bodenbakterien das Öl vollständig abgebaut. Der Boden kann dann wieder an seinen ursprünglichen Ort zurückgebracht werden.

Auch bei der Reinigung von Abwässern in Kläranlagen spielen Bakterien in Zusammenarbeit mit anderen Kleinstlebewesen eine wichtige Rolle. Das Schmutzwasser durchläuft dabei mehrere Reinigungsstufen. In der mechanischen Stufe werden durch Rechen und Absetzbecken grobe Stoffe und Sand vom Abwasser getrennt. In der folgenden biologischen Reinigungsstufe bauen Bakterien und Einzeller menschliche und tierische Abfallstoffe ab. Um diese Lebewesen mit Sauerstoff zu versorgen, wird Luft zugeführt. Die nicht abgebauten Reste bilden zusammen mit den Bakterien und Einzellern einen Schlamm. Dieser *Belebtschlamm* gelangt in den Faulturm, wo ihn Bakterien unter Sauerstoffausschluss zu Faulgasen und Faulschlamm zersetzen. Einige Kläranlagen haben noch eine chemische Reinigungsstufe. Dort wird ein Teil der Salze durch „Ausflocken" entfernt.

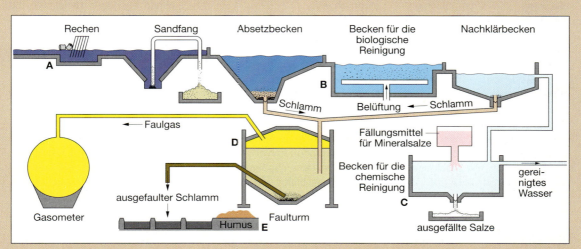

2 Bau einer Kläranlage. A *mechanische Reinigungsstufe;* **B** *biologische Reinigungsstufe;* **C** *chemische Reinigungsstufe;* **D** *Faulschlammbehandlung;* **E** *Humusherstellung*

Methode | ## Internetrecherche

Die Tipps auf dieser Seite sollen dir helfen, im Internet gezielt Informationen zu finden und diese dann zu nutzen. Wenn du zum Beispiel wissen möchtest, welche Mikroorganismen für die Sauerteigbildung verantwortlich sind, und du außerdem ein Rezept zum Backen von Sauerteigbrot suchst, wirst du im Internet sicher das Richtige finden.

Tipp: Ziel verfolgen

→ Suche in einer begrenzten Zeit nur nach Sauerteigrezepten und dazugehörigen Mikroorganismen. Surfe nicht zu anderen Seiten.
→ Schließe alle Fenster mit Werbung. Gib nirgends persönliche Angaben ein.

Tipp: Suchen

→ Benutze eine *Suchmaschine*.
→ Schreibe die Suchwörter mit richtiger Rechtschreibung. Beachte die unterschiedlichen Eingabemöglichkeiten der Suchmaschinen.
→ Gib spezielle *Suchwörter* oder *Kombinationen* davon ein. Pro-

biere „Sauerteig Bakterien", „Sauerteig Mikroorganismen", oder „Sauerteigbrot Rezept" aus. So erhältst du jeweils eine überschaubare Menge *Internetadressen* zu diesen Themen. Die Suchmaschinen sortieren die Seiten zu den Stichwörtern und geben einen kurzen Einblick in den Inhalt. Die passenden Seiten stehen oft am Anfang der Trefferlisten. Gibst du nur ein allgemeines Stichwort wie „Bakterien" ein, werden oft tausende von Seiten angezeigt.
→ Wenn du eine gute Seite über Sauerteig gefunden hast, gibt es dort manchmal *Links* zu anderen Internetseiten. Oft lohnt es sich, solche *Verweise* zu verfolgen.

Sauerteigbrot

Verrühre 250 g Roggenvollkorn-mehl mit 250 ml lauwarmem Wasser. Nach 1½ Tagen hat sich bei Raumtemperatur Sauerteig entwickelt. Gib 250 g Weizenmehl, einen Teelöffel Salz und einen halben Hefewürfel mit 200 ml lauwarmem Wasser hinzu und knete alles gut durch

Tipp: Prüfen und Auswählen

→ Prüfe, ob die Seite das enthält, was du suchst.
→ Prüfe, ob die Seite für dich verständlich ist.
→ Prüfe, wer die Seite anbietet, zum Beispiel eine Firma, eine Behörde, ein Verein oder eine Privatperson.
→ Prüfe, wie aktuell die Seite ist. Gibt es ein Datum?
→ Prüfe die Qualität der Seite. Ist sie gut gestaltet und übersichtlich? Funktionieren die Links? Enthält der Text keine groben Fehler?
→ Beachte, dass das Internet auch viel Falsches bietet, was nicht immer leicht zu erkennen ist. Vergleiche die Informationen von verschiedenen Seiten. Stimmen die Aussagen zum Sauerteig überein oder widersprechen sie sich? Welche Aussage erscheint dir glaubwürdiger?

Tipp: Sammeln

→ Speichere oft benutzte Adressen als *Lesezeichen* (*Favoriten*).
→ Kopiere interessante Adressen zu deinem Thema in ein Textdokument. Schreibe darunter eine eigene kurze Notiz. Kopiere einen wichtigen Abschnitt, zum Beispiel ein Rezept, dazu.
→ Drucke nur die Texte und Abbildungen aus, die du wirklich benötigst. Markiere beispielsweise den Abschnitt mit dem Rezept und drucke das Markierte aus.

Tipp: Informationen verwerten

→ Beachte, dass du fremde Texte und Bilder nicht als deine eigenen ausgeben darfst. Gib die *Quelle* an.
→ Backe ein Sauerteigbrot.

1 Erprobe und vergleiche verschiedene Suchmaschinen zu derselben Suchwortkombination.
2 Wähle ein Thema aus dem Wahlpflichtbereich Mikroorganismen aus. Suche dazu eine Internetseite, die dir gut gefällt. Stelle die Seite vor. Gib ihre Adresse an. Gib auch an, von wem sie angeboten wird und wann sie erstellt wurde. Wie ist die Seite gestaltet? Fasse den Inhalt zusammen. Bewerte abschließend, was dir gut und was dir weniger gut gefällt.

3 Hefepilze und Schimmelpilze sind Mikroorganismen

Schon vor mehr als 5000 Jahren haben die Menschen in Vorderasien **Wein** hergestellt. Doch erst in der zweiten Hälfte des 19. Jahrhunderts entdeckte man, dass **Hefen** Traubensaft in ein alkoholisches Getränk umwandeln. Hefen sind einzellige Pilze.

Unter dem Mikroskop erkennt man einzelne kugelige oder ovale Zellen, die gelegentlich zu lockeren Zellketten verbunden sind. Zur Vermehrung teilt sich der Zellkern. Ein Kern wandert in eine knospenartige Ausstülpung der Zellwand. Schließlich bildet die heranwachsende Tochterzelle eine Trennwand und löst sich von der Mutterzelle. Diese Art der ungeschlechtlichen Fortpflanzung heißt *Sprossung*.

Im Gegensatz zu den meisten anderen Lebewesen verfügen Hefen über die Fähigkeit, Zucker auch ohne Zufuhr von Sauerstoff zur Energiefreisetzung abzubauen. Bei dieser besonderen Form des Zuckerabbaus, die man *Gärung* nennt, entstehen Alkohol und Kohlenstoffdioxid.

Auch heute noch erzeugen die Winzer den Wein grundsätzlich auf die gleiche Weise wie im Altertum: Man lässt aus Trauben gepressten Saft in Gefäßen gären. Während man früher auf die Hefen

1 Brot, Käse und Wein – hergestellt mithilfe von Pilzen

angewiesen war, die sich auf der Schale der Weinbeeren befanden, setzt der Winzer heute speziell gezüchtete Hefen dem Traubensaft zu. Schimmelpilze sind für den Winzer vorwiegend Schädlinge. Die Ausnahme bildet eine Art von Grauschimmel: Bei trockener Witterung bewirkt er die *„Edelfäule"*, die zu einem höheren Zuckergehalt der reifen Weinbeeren führt. Der aus diesen Trauben gewonnene „Beerenauslese"-Wein wird besonders geschätzt.

Vor etwa 8000 Jahren lernten die Sumerer und Babylonier aus keimenden Getreidekörnern **Bier** zu brauen. 2000 Jahre später entdeckten dann ägyptische Bäcker, dass

das bei der Gärung entstehende Kohlenstoffdioxid geeignet ist, Teig aufzulockern: Sie stellten unter Verwendung von Bier **Sauerteig** her. Da die Tätigkeit der Hefen auch den Geschmack verbessert, war das unter Verwendung von Sauerteig gebackene **Brot** den herkömmlichen Fladen weit überlegen. Heute ist industriell kultivierte reine *Bäckerhefe* Grundlage der Qualität unseres Brotes.

Die Herstellung von **Käse** beginnt damit, dass Bakterien die Milch sauer werden lassen. Häufig wird der Rohkäse anschließend mit Pilzsporen beimpft. Bei Brie oder Camembert wachsen Weißschimmelpilze auf der Oberfläche, bei Blauschimmelkäse werden Luftkanäle in den Käse gestochen, sodass der Pilz auch im Inneren zu finden ist. Die Pilze geben den Käsesorten ihr charakteristisches Aroma.

> Hefen und Schimmelpilze werden seit Jahrtausenden bei der Herstellung von Nahrungsmitteln und alkoholischen Getränken verwendet.

1 Begründe, warum jedem Brotteig Zucker zugefügt wird.

2 Vermische ein kleines Stückchen Bäckerhefe mit Wasser. Entnimm mit der Pipette ein Tröpfchen und mikroskopiere die Hefezellen. Fertige eine Zeichnung an.

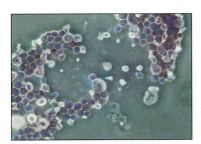

2 Zellen der Bäckerhefe (mikroskopische Aufnahme)

3 Edelfäule an Weinbeeren

4 Schwarzer Gießkannenschimmel (mikroskopische Aufnahme)

Wirbellose Tiere in ihren Lebensräumen

1 Wirbellose Tiere

1 Wirbellose Tiere leben in allen Lebensräumen

Bei einer Wanderung durch die Natur begegnen dir viele Tiere. Einige davon kennst du schon. Meist handelt es sich dabei um größere Tiere wie Rehe, Wildkaninchen oder einen Rotfuchs. Du beobachtest einen Mäusebussard, der über dir kreist, oder einen Turmfalken, der rüttelnd nach Beute Ausschau hält. Im Park und im Wald fallen dir verschiedene Vögel durch ihren Gesang und ihre Rufe auf. Alle diese Lebewesen sind *Wirbeltiere*, denn sie besitzen eine Wirbelsäule. Viele Menschen denken immer zuerst an Wirbeltiere, wenn sie nach bekannten Tierarten gefragt werden. Bedenkt man jedoch, wie viele aller Tierarten zu den Wirbeltieren gehören, so sind es nur etwa 5 %. Alle anderen 95 % gehören zu den *Wirbellosen*.

Allein schon beim Gang über eine Wiese kannst du vielen verschiedenen **Wirbellosen** begegnen. Oft sind sie allerdings klein und unscheinbar.

Einige dagegen fallen durch ihr Verhalten und ihr Aussehen sofort auf. Wir beobachten *Schmetterlinge*, wie sie über die Wiese gaukeln oder sich auf Blüten niederlassen, um dort nach Nektar zu suchen. Hier findest du auch die *Schmetterlingsraupen*, aus denen sich später die erwachsenen *Schmetterlinge* entwickeln. Auch *Honigbienen* und *Hummeln* fliegen von Blüte zu Blüte, um Nektar und Pollen zu sammeln. Dabei transportieren sie auch Pollen von Blüte zu Blüte und tragen so zur Bestäubung bei.

Feldwespen erbeuten kleine Fliegen, saugen aber auch Nektar aus den Blüten. *Marienkäfer* haben an Pflanzen Blattläuse aufgespürt und vertilgen diese. Vor uns springen kleine Tiere davon. Es sind *Feldheuschrecken* oder *Grashüpfer*. Sie haben kräftige Sprungbeine, mit deren Hilfe sie sehr beweglich sind. Ihr Zirpen ist an warmen Sommertagen weit zu hören. Alle diese genannten Tiere gehören zu den Insekten.

Zwischen Grashalmen hat eine Spinne ihr Netz gespannt. Ein In-

> ### Stichwort
> #### Wirbellose
> Zu den Wirbellosen gehören Tiere ohne Innenskelett und Wirbelsäule, z. B. Regenwürmer, Schnecken, Muscheln, Insekten und Spinnen.

Spinnentier
Weichtiere
Wirbeltiere
übrige Tiere
Einzel...

(Wheel diagram, left): Käfer · Schmetterlinge · Hautflügler · Zweiflügler · ... · SEKTEN

sekt verfängt sich darin und blitzschnell ist die Spinne bei ihrer Beute, um sie auszusaugen. Anders als diese Spinnenart verzichtet die *Springspinne* auf ein Netz. Sie lauert ihrem Opfer auf und fängt es mit einem Sprung.

Besonders an feuchten Tagen findest du *Schnecken*. Einige sind mit einem Gehäuse ausgestattet, andere, wie die Nacktschnecken dagegen, besitzen kein Gehäuse. Schnecken raspeln mit ihrer Zunge Teile von Pflanzen ab und ernähren sich auf diese Weise. Auch sie gehören wie die Spinnen zu den Wirbellosen.

Aus dem Boden holen sich Amseln als begehrte Nahrung *Regenwürmer*. Auch unter der Erdoberfläche gibt es also Wirbellose. Regenwürmer lockern durch ihre Tätigkeit den Boden auf, düngen ihn mit ihrem Kot und fördern so das Pflanzenwachstum.

Wirbellose Tiere besiedeln alle Lebensräume. Sie kommen z. B. auch in großer Anzahl in Gewässern vor. Am Boden von Teichen und Seen lebt die *Teichmuschel*. Sie filtriert aus dem Wasser Kleinstlebewesen. An den Wasserpflanzen und auf Steinen im Wasser weiden Wasserschnecken die Algen ab.

Sie ernähren sich aber auch von Wasserpflanzen und von Schlammteilchen. *Flusskrebse* mit ihren vielen Beinpaaren und den beiden kräftigen vorderen Scheren fangen Kleintiere, darunter auch kleine Fische.

Nach *Süßwasserpolypen* muss man schon gezielt an Wasserpflanzen oder an untergetauchten Steinen suchen. Sie sind nur wenige Millimeter groß und haben sich an einer Unterlage festgeheftet. Ihre Fangarme enthalten ein lähmendes Gift. Damit erbeuten sie kleinere Tiere, z. B. *Wasserflöhe*.

Alle diese Wirbellosen bilden keine einheitliche Gruppe. Deshalb hat man diese unterschiedlich gebauten Lebewesen nach ihren Körpermerkmalen so genannten **Tierstämmen** zugeordnet. Insekten, Spinnentiere und Krebse gehören zum Stamm der Gliedertiere, Schnecken und Muscheln zum Stamm der Weichtiere, Süßwasserpolypen zum Stamm der Hohltiere. Einige Vertreter dieser Wirbellosen lernst du in diesem Kapitel genauer kennen.

> Alle Wirbellosen besitzen kein Innenskelett. Wirbellose kommen in allen Lebensräumen vor. Gliedertiere und Weichtiere sind die Tierstämme mit den meisten Tierarten.

1 Finde zu den mit Ziffern gekennzeichneten Abbildungen die entsprechenden Tiernamen: Feldwespe, Flohkrebs, Tagpfauenauge, Flusskrebs, Heupferd, Hummel, Marienkäfer, Springspinne, Süßwasserpolyp, Regenwurm, Teichmuschel, Schnirkelschnecke.

99

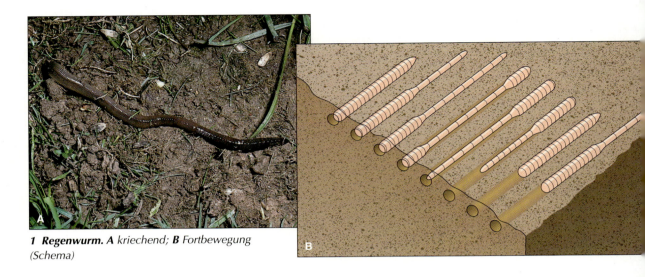

1 Regenwurm. A *kriechend;* **B** *Fortbewegung (Schema)*

2 Der Regenwurm – ein Bodenbewohner

Nimmt man einen Regenwurm in die Hand, fühlt er sich weich und feucht an. Nur mit einer feuchten Haut kann der Wurm atmen. Er besitzt nämlich keine weiteren Atmungsorgane. An der Luft trocknet die ungeschützte Haut schnell aus. Außerdem wird sie durch einen Teil des Sonnenlichts, die UV-Strahlung, gefährdet. Der Regenwurm lebt deshalb immer in dunkler und feuchter Umgebung. Er ist ein *Feuchtlufttier*.

Der Regenwurm kann bis zu 40 cm lang werden. Er ist auffällig geringelt. Sein Körper besteht aus bis zu 180 weitgehend gleichartigen Ringen, den *Segmenten*. Wegen dieser Ringelung wird er den **Ringelwürmern** zugeordnet.

Beobachtet man einen kriechenden Regenwurm, so fallen wellenartige, über seinen Körper hinweglaufende Bewegungen auf. Verursacht werden sie von zwei Muskelschichten, die mit der darüberliegenden Haut zum *Hautmuskelschlauch* verwachsen sind. Bewegt sich der Wurm vorwärts, zieht er zunächst die Ringmuskelschicht von vorn beginnend nach hinten zusammen. Dabei wird er länger und dünner. Beim anschließenden Zusammenziehen der Längsmuskulatur von vorn nach hinten verkürzt sich der Wurm; sein Körper wird dicker, der hintere Körperabschnitt wird nach vorn gezogen. Dabei wird ein Zurückrutschen durch vier Paar abspreizbare Borsten verhindert, die sich unten und seitlich an jedem Segment befinden. Mithilfe dieser Borsten kann sich der Regenwurm auch in seiner engen Wohnröhre auf- und abwärts bewegen.

In der Nacht ziehen Regenwürmer abgefallene Blätter in ihre Wohnröhren. Wenn diese verrottet sind, werden sie zusammen mit Erde gefressen. Unverdauliche Bestandteile werden als Kothäufchen auf dem Boden abgesetzt.

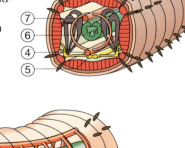

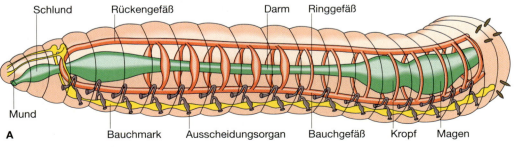

Schlund Rückengefäß Darm Ringgefäß

Mund

A Bauchmark Ausscheidungsorgan Bauchgefäß Kropf Magen

2 Regenwurm. A *Schema;* **B** *Hautmuskelschlauch mit Borsten*

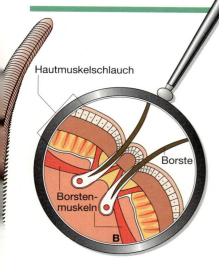

Hautmuskelschlauch

Borste

Borsten-
muskeln

B

jedem Segment zu Knoten verdickt und miteinander über Querstränge verbunden. Aufgrund seines Aufbaus bezeichnet man dieses Nervensystem als *Strickleiternervensystem*. Wegen seiner Lage auf der Bauchseite wird es auch – im Gegensatz zum Rückenmark bei Wirbeltieren – als *Bauchmark* bezeichnet.

Regenwürmer besitzen keine sichtbaren Sinnesorgane. Trotzdem können sie schmecken, Wärme und Kälte unterscheiden und sehr empfindlich auf Licht reagieren. In ihrer Haut sind über den ganzen Körper Sinneszellen für die Aufnahme bestimmter Reize verteilt. Am empfindlichsten reagiert dabei das Vorderende.

Beim Pflügen eines Feldes oder beim Umgraben des Gartens kommt es häufig vor, dass Regenwürmer durch Pflug oder Spaten in zwei Hälften durchtrennt werden. Einer weit verbreiteten Vorstellung nach sollen dadurch zwei lebensfähige Würmer entstehen. Das trifft aber nicht zu. Das abgetrennte Hinterende stirbt ab, auch wenn es sich noch über einen längeren Zeitraum bewegt. Nur die vordere Hälfte des Wurmes überlebt. Sie bildet ein neues Hinterende aus. Die Fähigkeit eines Organismus verlorengegangene oder verletzte Körperteile mehr oder weniger vollständig zu ersetzen, nennt man *Regeneration*.

Den gesamten Wurm durchzieht ein in der Mitte liegender Darm, der im ersten Segment mit einem Mund beginnt und im letzten Segment mit einem After endet. Über und unter dem Darm verläuft je ein großes Blutgefäß, das *Rücken-* und das *Bauchgefäß*. Beide sind in jedem Segment durch Ringgefäße miteinander verbunden. Das Blut fließt im Rückengefäß von hinten nach vorn. Ein richtiges Herz fehlt. Stattdessen können sich die Ringgefäße in den ersten fünf Segmenten ruckartig zusammenziehen und so das Blut in Bewegung bringen.

Zwei Ausscheidungsorgane pro Segment leiten Abfallstoffe nach außen. Auf der Bauchseite verläuft der Hauptstrang des Nervensystems. Die Nervenstränge sind in

Regenwürmer pflanzen sich geschlechtlich fort. Allerdings sind Regenwürmer **Zwitter,** d. h. jeder Wurm bildet sowohl Spermien als auch Eizellen aus. Da sie sich nicht selbst befruchten können, paaren sie sich. Hierbei tauschen sie Spermien aus, die in Samentaschen gespeichert werden. Sobald in jedem Tier die Eizellen reif sind, wird von hellgelben, verdickten Segmenten im vorderen Körperdrittel eine Schleimhülle produziert. In diesen Gürtel werden die Eier abgelegt. Während der Wurm sich rückwärts aus der Schleimhülle herauswindet, befruchten die gespeicherten Spermien die Eizellen.

Die an der Luft erhärtende Schleimhülle nimmt eine zitronenähnliche Form an, sie wird *Kokon* genannt. Aus ihm schlüpft nach wenigen Wochen ein junger Regenwurm.

Regenwürmer gehören zu den Ringelwürmern. Sie sind Feuchtlufttiere, die das Tageslicht meiden. Sie besitzen einen Hautmuskelschlauch, ein Strickleiternervensystem und sind Zwitter.

3 Fortpflanzung. A *Regenwurmpaarung;* **B** *aus einem Kokon schlüpfender Jungwurm*

1 a) Nenne zu den Ziffern ① bis ⑦ der Abbildung 2 die richtigen Begriffe.
b) Beschreibe mithilfe der Abbildung 2 den äußeren und inneren Bau eines Regenwurms.

2 Beschreibe die Bewegung eines kriechenden Regenwurms.

3 Regenwürmer zählen zu den Feuchtlufttieren. Finde eine Begründung.

Übung — Regenwürmer

Beachte: Regenwürmer sind lebende Organismen. Behandle sie sorgfältig und setze sie nach den Versuchen wieder zurück in die Natur!

V1 Fortbewegung

Material: Regenwurm; Pergament- oder Kreppapier
Durchführung: Lege einen Regenwurm auf Pergamentpapier und beobachte ihn.
Aufgaben: a) Beschreibe die Fortbewegung.
b) Sei während des Versuchs ganz leise. Was hörst du? Erläutere.

V2 Reaktion auf Licht

Material: Regenwurm; Blatt schwarzes Papier; 2 Büroklammern
Durchführung: Rolle aus dem Blatt Papier eine Röhre mit einem Durchmesser von ca. 5 cm und fixiere sie mit den Büroklammern. Lege nun einen Regenwurm <u>vor</u> die Öffnung der Rolle und beobachte.
Aufgabe: Beschreibe und erkläre das Verhalten des Regenwurms.

V3 Reaktion auf verschiedene Stoffe

Material: Regenwurm; Pipette; stark verdünnter Essig; Zuckerwasser; Salzwasser
Durchführung: Halte mit der Pipette jeweils etwas von den Lösungen an die Kopfseite des Regenwurms. Beachte, dass du den Regenwurm niemals mit der Pipette berührst. Orientiere dich dabei an der unteren Abbildung.
Aufgabe: Beobachte, wie der Regenwurm auf die verschiedenen Stoffe reagiert.

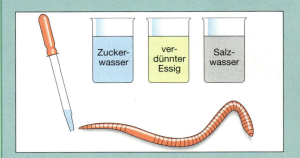

V4 Regenwürmer im Boden

Material: etwa 15 Regenwürmer; großes Becher- oder Einmachglas; schwarzes Papier; Gras oder Laub; verschiedene Bodenarten (Lehm, Torf, Sand, Gartenerde)
Durchführung: Bereite das Glas zunächst vor, indem du die verschiedenen feuchten Bodenarten locker übereinander schichtest. Setze dann (je nach Größe des Glases) mindestens 15 Regenwürmer auf die oberste Bodenschicht. Decke das Glas mit Laub oder Gras ab. Umwickle das Glas mit dem schwarzen Papier und stelle es an einem ruhigen Platz ab.

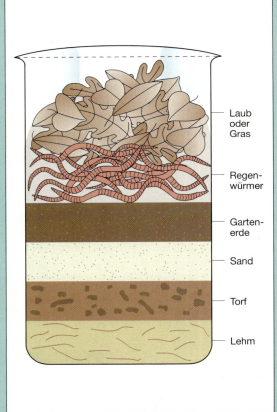

Aufgabe: Betrachte das Glas nach drei, vier und sieben Tagen. Welche Unterschiede stellst du fest? Leite daraus die Bedeutung der Regenwürmer für den Boden ab. Nutze auch Pinnwand S. 103.
Vergiss nicht, das Glasgefäß nach jeder Betrachtung wieder mit dem schwarzen Papier zu umwickeln.

RINGELWÜRMER

Pinnwand

Name: Schlammröhrenwurm (Tubifex)
Länge: bis 8,5 cm
Lebensraum: am Grund schlammiger Gewässer
wichtige Merkmale: wohnt in mit Schleim ausgekleideten Röhren; lebt in Kolonien
Besonderheit: wird als Fischfutter verwendet

Name: Seeringelwurm
Länge: bis ca. 30 cm
Lebensraum: in verzweigten Gängen am Meeresboden
wichtige Merkmale: pro Segment paarig angeordnete Stummelfüße mit vielen Borsten

Name: Mistwurm
Länge: bis 13 cm
Lebensraum: in Mist- und Komposthaufen
wichtige Merkmale: ist gelblich gefärbt und trägt auf jedem Ring eine rotbraune Querbinde; riecht unangenehm

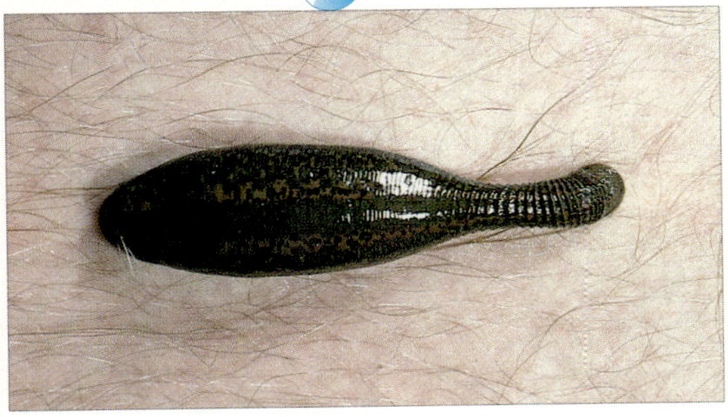

Name: Medizinischer Blutegel
Länge: 15 bis 20 cm
Lebensraum: stehendes und langsam fließendes Süßwasser
wichtige Merkmale: Körper abgeplattet und dicht geringelt; trägt Mundsaugnapf und Haftscheibe am Hinterende; lebt als Außenparasit an Wirbeltieren und saugt dort Blut
Besonderheit: kann bei einer Mahlzeit bis zu 15 cm^3 Blut aufnehmen und 15 Monate ohne Nahrung auskommen; wird bisweilen zur Blutabnahme eingesetzt

Stichwort

Ringelwürmer

Ein artenreicher Tierstamm mit etwa 17000 Arten, deren wurmförmiger Körper aus vielen inneren und äußeren gleichen Ringen besteht.

Regenwürmer sind Bodenverbesserer

Etwa 400 Regenwürmer können unter 1 m^2 Boden leben. Sie schichten ihn durch ihre Wühlarbeit ständig um. Ihre Wohnröhren reichen bis in eine Tiefe von 1,5 bis 2 m und lockern dadurch das Erdreich auf.
Nachts ziehen sie abgefallene Blätter in ihre Röhren. Sind diese Pflanzenteile vermodert, werden sie zusammen mit Erde gefressen.
Der ausgeschiedene, feine Wurmkot wird in Kothäufchen auf dem Erdboden abgesetzt oder in den oberen Teil der Wohnröhre eingearbeitet.
So können in 1 m^3 Gartenerde bis zu 2,5 kg Humus erzeugt werden.
Böden mit vielen Regenwürmern erhöhen daher die Bodenfruchtbarkeit und steigern die Erträge.

1 **Insekten. A** *Honigbiene;* **B** *grünes Heupferd;* **C** *Stubenfliege*

3 Insekten

3.1 Merkmale der Insekten

Die in Abbildung 1 dargestellten Tiere sehen sehr unterschiedlich aus. Dennoch besitzen sie einen gemeinsamen Bauplan. Sie gehören zur Klasse der **Insekten.** Am Maikäfer kann man den typischen Körperbau eines Insekts gut erkennen.

Nimmt man einen *Maikäfer* in die Hand, fühlt er sich hart und trocken an. Das liegt an der harten, schützenden Hülle aus **Chitin.** Dieser Gerüststoff umgibt den Körper wie ein Panzer und bildet das **Außenskelett** des Maikäfers. Allerdings ist der Körper nicht starr. Der Körper des Maikäfers ist in drei Abschnitte, **Kopf, Brust** und **Hinterleib,** gegliedert. Diese sind durch

Gelenkhäute beweglich untereinander verbunden. Der Körper scheint eingekerbt bzw. eingeschnitten. Deshalb nennt man diese Tiere *Kerbtiere* oder nach dem lateinischen Wort „insectum" (= das Eingeschnittene) **Insekten.** Der Kopf trägt die Augen und die gegliederten Fühler mit fächerförmigen Blättchen an den Enden. Mit ihnen kann der Maikäfer riechen. Auf der Unterseite des Kopfes befinden sich die Mundwerkzeuge.

Sie bestehen ebenfalls aus hartem Chitin und sind bewegliche scharfkantige Platten, mit denen der Maikäfer Blätter zerbeißen kann. Die Brust besteht aus drei Ringen. Jeder der drei Brustringe trägt ein Beinpaar. Diese Zahl von sechs Beinen ist für alle Insekten cha-

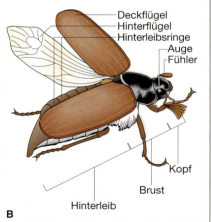

2 **Maikäfer. A** *auf einem Blatt;* **B** *Gliederung (Schema)*

Deckflügel
Hinterflügel
Hinterleibsringe
Auge
Fühler
Kopf
Brust
Hinterleib

Erschließungsfeld

Bau und Funktion

Alle Insekten besitzen einen gegliederten Körper und ein Außenskelett aus Chitin. Betrachtet man die Form und die Struktur einzelner Körperteile, kann man häufig Rückschlüsse auf ihre Funktion ziehen. So besitzt der Maikäfer harte Vorderflügel, häutige Hinterflügel und kräftige Flugmuskeln. Er ist also ein guter Flieger. Die Mundwerkzeuge sind kurz und scharfkantig und dienen dem Zerbeißen und Zerkauen von Blättern.

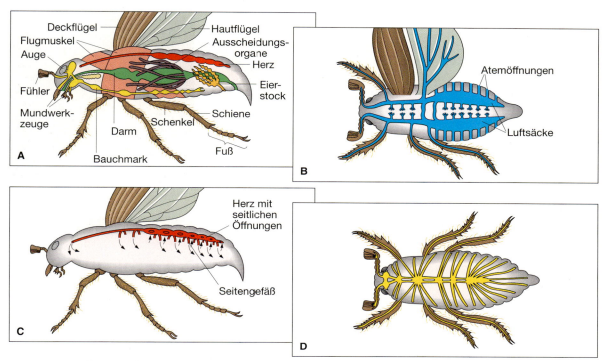

3 Innerer Bau des Maikäfers (schematische Darstellungen). *A Längsschnitt; B Atemsystem in Aufsicht; C Herz, offener Kreislauf; D Strickleiternervensystem von der Bauchseite*

rakteristisch. Die Beine sind gegliedert. Der Maikäfer ist ein **Gliederfüßer.** Zweiter und dritter Brustring sind miteinander verwachsen. Die harten *Vorderflügel* am zweiten Brustring bedecken und schützen die häutigen *Hinterflügel* und werden deshalb auch als Deckflügel bezeichnet. Sie werden während des Fluges schräg nach oben gestellt. Die Hinterflügel am dritten Brustring können bewegt werden und dienen dem Fliegen. Der Hinterleib besteht aus sieben Ringen.

Als guter Flieger bewegt der Maikäfer seine Muskeln schnell. Der notwendige Sauerstoff gelangt durch ein röhrenförmiges Atemsystem direkt bis zu den Zellen. Der Sauerstoff wird also nicht durch Blut transportiert. Das Atemsystem durchzieht mit Verzweigungen den ganzen Körper und mündet mit Atemöffnungen nach außen. Die Atemröhren sind durch Chitinspiralen versteift und heißen **Tracheen.** Der notwendige Nährstofftransport erfolgt mit einer farblosen Körperflüssigkeit, die von einem schlauchförmigen Herzen durch den Körper gepumpt wird. Es saugt das Blut durch seitliche Öffnungen an und drückt es vorn und durch Seitengefäße wieder hinaus. Die Körperflüssigkeit fließt nicht durch Adern, sondern frei durch den Körper. Maikäfer haben wie alle Insekten einen **offenen Kreislauf.**

Zum Nervensystem gehören je ein Nervenknotenpaar oberhalb und unterhalb des Schlundes. Von ihnen ziehen zwei parallel verlaufende Nervenstränge auf der Bauchseite als *Bauchmark* durch den Körper. Hier sind weitere Nervenknoten eingelagert, die auch quer miteinander verbunden sind. Wegen dieses Aussehens spricht man von einem **Strickleiternervensystem.**

Insekten haben ein festes Außenskelett aus Chitin. Ihr Körper ist in Kopf, Brust und Hinterleib gegliedert. Sie haben drei gegliederte Beinpaare, einen offenen Kreislauf und ein Strickleiternervensystem. Die Tracheen versorgen als röhrenförmiges Atemsystem den Körper mit Sauerstoff. Die meisten Insekten haben Flügel.

1 Beschreibe den äußeren Bau eines Maikäfers. Nutze auch das Erschließungsfeld „Bau und Funktion".
2 Vor dem Abfliegen hebt ein Maikäfer seine Deckflügel etwas hoch und „pumpt". So bezeichnet man das im Takt erfolgende Heben und Senken des Hinterleibs, wobei dieser durch Muskeln zusammengedrückt und wieder gedehnt wird. Erläutere die Bedeutung des Pumpens.

3.2 Insekten lassen sich ordnen

Insekten begegnen uns überall auf der Erde. Man schätzt, dass es mehrere Millionen verschiedener Arten gibt. Damit diese Artenfülle überschaubarer wird, hat man Insekten nach verschiedenen Merkmalen geordnet. Neben anderen sind die Anzahl und die Ausbildung der Flügel ein auffälliges Merkmal.

Käfer bilden die artenreichste Gruppe der Insekten. Ihre Vorderflügel sind zu festen Deckflügeln umgebildet, die sich schützend über die Hinterflügel legen. Am Flug sind diese Flügel unbeteiligt, sie wirken nur als Tragflächen. Viele Käfer haben *kauende Mundwerkzeuge*. *Maikäfer* zerkleinern mit ihnen Pflanzenteile.

Hautflügler wie Bienen, Hummeln und Wespen haben zwei Paar durchsichtige Flügel. Dabei sind die Hinterflügel meist etwas kleiner. Auch diese Insekten haben häufig kauende Mundwerkzeuge oder sehr kurze Saugrüssel.

Schmetterlinge besitzen ebenfalls zwei Paar Flügel. Ihre Flügel sind von vielen kleinen farbigen Schuppen bedeckt. Durch die Lichtbrechung schillern sie zusätzlich. Die Mundwerkzeuge der Schmetterlinge sind zu mehr oder weniger langen *Saugrüsseln* umgebildet. Der *Zitronenfalter* kann so Nektar aus langen Blütenröhren saugen. Die *Raupen* sind Pflanzenfresser und haben kauende Mundwerkzeuge.

Die *Stubenfliege* gehört zur Gruppe der **Zweiflügler.** Diese Insekten besitzen nur ein Flügelpaar. Die Hinterflügel sind zu Schwingkölbchen umgebildet. Die Mundwerkzeuge einer Stubenfliege dienen zum Auflecken von Flüssigkeiten. Es sind saugend-leckende Mundwerkzeuge, die auch *Tupfrüssel* genannt werden. Zu den Zweiflüglern gehören neben den Fliegen auch die *Mücken.* Weibliche Mücken besitzen einen *Stechrüssel,* mit dem sie Blut saugen können.

> Insekten lassen sich in verschiedene Gruppen ordnen. Zu diesen Gruppen gehören zum Beispiel die Käfer, Hautflügler, Schmetterlinge und Zweiflügler. Je nach Art der Nahrungsaufnahme unterscheidet sich der Bau der Mundwerkzeuge.

1 Erläutere die typischen Merkmale eines Käfers.
2 Vergleiche die abgebildeten Mundwerkzeuge miteinander und gib die entsprechende Ernährungsweise an. Wende dabei die Inhalte des Erschließungsfeldes „Angepasstheit" an.

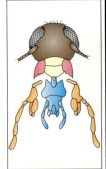

1 **Maikäfer mit beißend-kauenden Mundwerkzeugen**

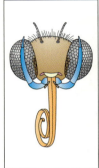

2 **Zitronenfalter mit Saugrüssel**

3 **Stubenfliege mit Tupfrüssel**

4 **Mückenweibchen mit Stechrüssel**

Bestimmungsschlüssel für ausgewählte heimische Käfer

Bestimme mithilfe des Bestimmungsschlüssels die Namen der abgebildeten Käfer. Notiere den Bestimmungsweg. Beispiel 1 → 2 → **Gelbrandkäfer.**

1	Käfer größer als 30 mm	2
1*	Käfer kleiner als 30 mm	4

2	Käfer lebt im Wasser, schwarzer Körper mit gelbem Rand	**Gelbrandkäfer**
2*	Käfer lebt im Wald, bevorzugt Totholz, braun bis schwarzer Körper	3

3	bis 90 mm groß, Männchen mit stark vergrößertem Oberkiefer	**Hirschkäfer**
3*	bis 40 mm, trägt Kopfhorn	**Nashornkäfer**

4	Käfer kleiner als 10 mm	5
4*	Käfer größer als 10 mm	6

5	Deckflügel rot mit schwarzen Punkten	**Marienkäfer**
5*	Deckflügel gelb und schwarz gestreift	**Kartoffelkäfer**

6	goldfarbene bis grünschimmernde Deckflügel	7
6*	Deckflügel anders gefärbt	8

7	rundlicher Käfer, bis 20 mm lang, häufig auf Blüten	**Rosenkäfer**
7*	ovaler Käfer, bis 27 mm lang, häufig in Wäldern	**Goldlaufkäfer**

8	Deckflügel schwarz oder leicht bläulich, rundliche Gestalt	**Mistkäfer**
8*	Deckflügel schwarz mit braun, längliche Gestalt	9

9	bis 12 mm groß, Spitzen der Deckflügel dunkel	**Schnellkäfer**
9*	bis 22 mm groß, Deckflügel mit schwarz-brauner Zeichnung	**Totengräber**

1 *Honigbiene beim Pollensammeln*

3.3 Die Honigbiene – ein Insekt beim Blütenbesuch

Am Rande eines blühenden Rapsfeldes stehen mehrere Bienenstöcke. Es sind farbige Kästen, die von Imkern zur Honiggewinnung aufgestellt werden. Mehr als 50 000 Tiere leben im Sommer in so einem Stock als Bienenvolk zusammen.

Bei schönem Wetter fliegen tagsüber pausenlos Honigbienen vom Bienenstock auf Nahrungssuche. Beladen mit Pollen und Nektar kehren sie wieder zurück. Der Nektar dient der Pflanze dazu, Insekten anzulocken, die ihre Blüten bestäuben. Dem gleichen Zweck dienen die leuchtenden Blütenfarben.

Wissenschaftler haben festgestellt, dass die Biene mit ihren Augen sehr gut Blütenfarben unterscheiden kann. Schaut man mit einer Lupe den **Kopf** der Biene genauer an, fallen sofort die großen halbkugeligen Augen auf. Man erkennt auf der Oberfläche ein regelmäßiges Sechseckmuster. Jedes Sechseck ist die Linse eines Einzelauges. Etwa 5000 von ihnen bilden das Auge einer Biene. Solche aus vielen Einzelaugen zusammengesetzten Augen nennt man **Facettenaugen** oder Netzaugen. In jedem Einzelauge entsteht ein winziger Bildpunkt. Alle Bildpunkte werden über Nervenzellen zum Gehirn geleitet und dort wieder zu einem

Gesamtbild zusammengesetzt. Man kann sich dies wie bei einem Puzzle vorstellen, bei dem sich ein Bild aus zahllosen einzelnen Kärtchen zusammensetzt. Am oberen Kopfteil befinden sich auch Einzelaugen, die als Punktaugen bezeichnet werden. Die beiden beweglichen **Fühler** sind am Kopf ebenfalls gut zu erkennen. Bienen tasten und riechen damit.

Um an den Nektar am Grunde der Blüten zu gelangen, krabbelt die Biene in die Blüte hinein. Der zusammengelegte **Saugrüssel** wird ausgeklappt und der Nektar wird mit der Zungenspitze, dem *Löffelchen,* aufgeleckt und mit dem Rüssel aufgesaugt.

Bei fast jedem Blütenbesuch bleiben klebrige Pollenkörner im Pelz an der **Brust** der Biene haften. Während des Fluges fegt sie mit den Vorderbeinen den Pollen auf und gibt ihn an die Hinterbeine weiter. Dort sammelt er sich auf der *Fersenbürste.* Wie mit einem Kamm werden dann die Pollenkörner von beiden Hinterbeinen gegenseitig aus der Bürste gekämmt und in einer Vertiefung, dem *Körbchen,* gesammelt. Dieses Organ wird als **Sammelbein** bezeichnet. Im Bienenstock wird dieser Pollen in die Vorratszellen der Waben gefüllt und später an Larven verfüttert. An der Brust der Biene sitzen auch die vier dünnhäutigen *Flügel.* Beim Flug werden die Vorderflügel mit den Hinterflügeln verhakt, sodass sie gemeinsam schlagen.

2 *Bienenstöcke an einem Rapsfeld*

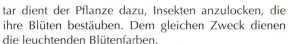

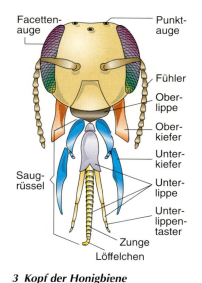

3 Kopf der Honigbiene

Labels: Facettenauge, Punktauge, Fühler, Oberlippe, Oberkiefer, Unterkiefer, Unterlippe, Unterlippentaster, Zunge, Löffelchen, Saugrüssel

Der **Hinterleib** ist durch eine dünne Verbindung mit der Brust verbunden. Der *Honigmagen,* in dem der Nektar gesammelt wird, der Darm, sowie der *Stachelapparat* mit dem Stachel, den *Giftdrüsen* und der *Giftblase* liegen im Hinterleib. Der Stachel besteht aus zwei Stechborsten und besitzt Widerhaken. Er ist eine wirksame Waffe gegen andere Insekten und kann aus ihrem Körper unbeschädigt herausgezogen werden. Beim Stich in die menschliche Haut jedoch bleibt der Stachel fest verankert. Die Biene reißt sich den gesamten Stachelapparat aus dem Hinterleib, woran sie stirbt.

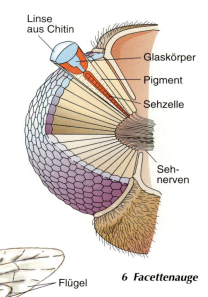

6 Facettenauge

Labels: Linse aus Chitin, Glaskörper, Pigment, Sehzelle, Sehnerven

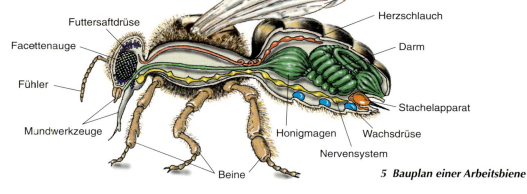

5 Bauplan einer Arbeitsbiene

Labels: Flügel, Herzschlauch, Darm, Stachelapparat, Wachsdrüse, Nervensystem, Honigmagen, Beine, Mundwerkzeuge, Fühler, Facettenauge, Futtersaftdrüse

4 Stachel

Die Honigbiene besucht Blüten, um Nektar und Pollen zu sammeln. Mit Saugrüssel, Netzaugen und Sammelbeinen ist sie an diese Lebensweise angepasst.

1 Erläutere, welche Aufgaben die Fühler der Bienen haben.
2 Beschreibe den Aufbau eines Netzauges.
3 Begründe, warum es für Insekten wichtig ist, dass ihre äußere Hülle stark gegliedert ist.
4 Obstbauern zahlen an den Imker eine Gebühr, damit er Bienenstöcke in der Nähe ihrer Plantagen aufstellt. Erkläre.

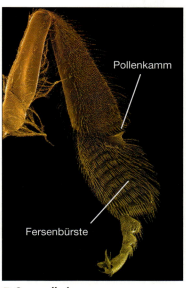

7 Sammelbein

Labels: Pollenkamm, Fersenbürste

1 Im Bienenstock. A Blick auf Bienenwabe; B Königin mit Arbeiterinnen; C Brutwabe

3.4 Honigbienen sind Staaten bildende Insekten

Bei einem Blick in einen Bienenstock sieht man mehrere dicht nebeneinander hängende senkrechte Holzrahmen. In diese haben Bienen ihre Waben aus Wachs gebaut. Sie bestehen aus in einigen tausend sechseckigen Zellen. Auf ihnen herrscht ein dichtes Gedränge von Bienen.

Meistens sind es **Arbeiterinnen,** die kleinsten Mitglieder des Bienenvolkes. Bis zu 50000 können es im Sommer sein. Sie sind Weibchen, haben aber zurückgebildete Eierstöcke und sind daher unfruchtbar.

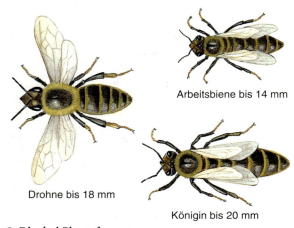

Arbeitsbiene bis 14 mm

Drohne bis 18 mm

Königin bis 20 mm

2 Die drei Bienenformen

Nur in den Sommermonaten findet man noch einige hundert männliche Tiere im Bienenstock, die **Drohnen.** Man erkennt sie sofort an den auffallend großen Augen und dem plumpen Körper.

Entdeckt man eine einzelne große Biene mit langem, schlankem Hinterleib, ist es die **Königin.** Alle Nachkommen eines Bienenvolkes stammen von ihr ab.

Neben Waben mit *Vorratszellen* für Honig oder Pollen sieht man in anderen Zellen jeweils einen kleinen, weißen Stift. Es sind **Eier,** die von der Königin in die Zellen der *Brutwaben* gelegt wurden. Von Mai bis Juni sind es täglich bis zu 1500 Stück.

Schon nach drei Tagen schlüpfen aus den Eiern **Larven.** Diese werden von Arbeiterinnen gefüttert. Junge Larven haben weder Augen noch Beine und werden Maden genannt. Sie erhalten eiweißreichen Futtersaft. Ältere Larven dagegen werden mit Pollen und Honig gefüttert. Dann werden die Zellen mit Wachs verschlossen. Die Larve entwickelt sich jetzt zur **Puppe.** Am 21. Tag nach der Eiablage schlüpft eine neue fertige Arbeiterin und nagt sich durch den Deckel.

Im Laufe ihres Lebens verrichtet die Arbeitsbiene mehrere Tätigkeiten: Nach dem Schlüpfen beginnt sie sofort, leere Zellen zu reinigen, in die dann die Königin jeweils ein Ei legt. Nach zwei Tagen füttert sie die älteren Larven. Nach dem Heranreifen einer besonderen Kopfdrüse, der *Futtersaftdrüse,* versorgt sie vom 5. Lebenstag an junge Larven und Königinnenlarven mit eiweißreichem Futtersaft. Wenn die Futtersaftdrüsen ihre

Arbeit einstellen, reifen die *Wachsdrüsen*. Am Hinterleib werden Wachsplättchen ausgeschieden. Die Biene baut nun Wachszellen oder verschließt Zellen mit Wachsdeckeln. Im nächsten Lebensabschnitt verarbeitet sie durch Drüsensäfte in ihrem Honigmagen aufgenommenen Nektar zu Honig und füllt diesen in die Vorratszellen. Es ist der Nahrungsvorrat für den Winter. Weitere Tätigkeiten schließen sich an. Dazu zählen der Abtransport toter Bienen und der Wächterdienst am Einflugloch. Den letzten und längsten Lebensabschnitt verbringt die Arbeitsbiene als *Sammelbiene*.

Im Juni teilt sich das immer größer werdende Volk. Ungefähr die Hälfte der Arbeitsbienen verlässt mit der Königin den Stock, sie schwärmen.
Im alten Stock schlüpft eine neue Königin. Sie ist in einer besonderen Zelle, der *Weiselzelle,* herangewachsen. Dort wurde sie in der gesamten Larvenzeit ausschließlich mit Futtersaft ernährt. Auf ihrem Hochzeitsflug wird die junge Königin von mehreren Drohnen begattet. Nachdem sie diese Aufgabe erfüllt haben, werden die Drohnen von den Arbeiterinnen aus dem Bienenstock gezerrt und sterben. Die junge Königin ersetzt nun im Stock die alte. Der Spermavorrat reicht für ihr ganzes Leben.
Honigbienen leben in einer großen Gemeinschaft als Bienenvolk zusammen. Die unterschiedlichen Aufgaben aller Bienen des Volkes sind aufeinander abgestimmt. Es erinnert an das Zusammenleben von uns Menschen in einem Staat. Man bezeichnet daher die Bienen auch als **Staaten bildende Insekten.**

> Ein Bienenvolk besteht aus einer Königin, einigen hundert männlichen Tieren, den Drohnen, und vielen tausend Arbeiterinnen. Diese übernehmen während ihres Lebens verschiedene Tätigkeiten im Bienenstaat.

1 Beschreibe den Lebenslauf einer Arbeiterin. Benutze die Abbildung 3.
2 Stelle in einer Tabelle die Körpermerkmale und die Aufgaben der drei Bienenformen zusammen.
3 Nachdem sie die Königin des Bienenstaates begattet haben, werden Drohnen aus dem Bienenstock vertrieben oder getötet. Begründe dieses Verhalten.
4 Aus den unbefruchteten Eizellen der Bienenkönigin entwickeln sich Drohnen. Aus den befruchteten Eizellen können sich jedoch sowohl Arbeiterinnen als auch neue Königinnen entwickeln. Welche Bedingungen müssen erfüllt sein, damit eine neue Königin entsteht?
5 Beschreibe Merkmale, an denen man einen Insektenstaat erkennt.

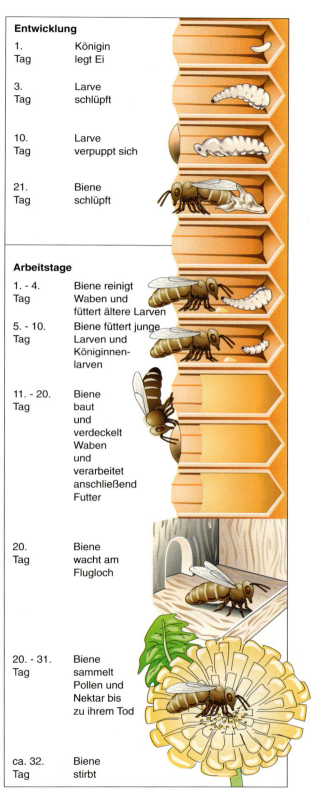

Entwicklung

1. Tag	Königin	legt Ei
3. Tag	Larve	schlüpft
10. Tag	Larve	verpuppt sich
21. Tag	Biene	schlüpft

Arbeitstage

1. - 4. Tag	Biene reinigt Waben und füttert ältere Larven
5. - 10. Tag	Biene füttert junge Larven und Königinnenlarven
11. - 20. Tag	Biene baut und verdeckelt Waben und verarbeitet anschließend Futter
20. Tag	Biene wacht am Flugloch
20. - 31. Tag	Biene sammelt Pollen und Nektar bis zu ihrem Tod
ca. 32. Tag	Biene stirbt

3 Lebenslauf einer Arbeitsbiene

Übung   Biene

V1 Körperbau der Honigbiene

Material: Lupe oder Stereolupe; Pinzette; auf einer Seite mit Leukoplast abgeklebte Rasierklinge; Schraubglas; helles Kunststoffbrett; Zeichenmaterial; weißer Zeichenkarton; Klebefolie; Becherglas mit heißem Wasser; tote Bienen (bei Imkern erhältlich)

Durchführung: Bewahre die Bienen in einem geschlossenen Glas auf. Um die Gelenke beweglich zu machen, musst du die getrockneten Bienen vor der Untersuchung kurz in heißes Wasser legen. Lege eine Biene auf das Kunststoffbrett. Betrachte sie mit der Lupe.

Aufgaben: a) Fertige eine Umrissskizze an. Beachte beim Zeichnen die Reihenfolge: Körpergliederung, Beine (Zahl, Gliederung…), Flügel, Kopf (Augen…) und Oberfläche des Körpers. Beschrifte die Skizze.

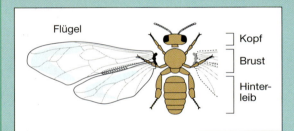

b) Zerlege eine Biene mit Pinzette und Rasierklinge in Kopf, Brust, Hinterleib und Flügel. Übertrage mit der Pinzette die Körperteile in der gleichen Anordnung auf die Klebefolie. Kopf, Brust und Hinterleib musst du mit dem Rücken auf die Klebefolie legen. Drücke die Körperteile sofort leicht an. Drehe nun die Klebefolie mit den anhaftenden Körperteilen um und klebe sie vorsichtig auf den Zeichenkarton. Beschrifte die Teile.

c) Trenne mit der Rasierklinge die Beine einer Arbeitsbiene vom Körper ab. Betrachte die Beine mit der Lupe. Vergleiche das Vorderbein mit dem Hinterbein. Finde Gemeinsamkeiten und Unterschiede heraus. Notiere sie.

d) Suche am Hinterbein die Einrichtung zum Transport von Pollen, wie sie in der Abbildung 5 auf Seite 109 zu sehen ist. Zeichne und beschrifte das Hinterbein.

e) Schneide die Flügel ab. Betrachte den hinteren Rand des Vorderflügels und den vorderen Rand des Hinterflügels. Beschreibe die Flügelränder.

A2 Bienen verständigen sich

Bienen tauschen zahlreiche Informationen aus.
a) Nenne Beispiele, worüber sich Bienen verständigen müssen.
b) Wende das Erschließungsfeld „Information" auf die Honigbienen an.

> Erschließungsfeld
> ### Information
>
> Im Tierreich werden ständig Informationen zwischen den einzelnen Lebewesen ausgetauscht. Dabei sendet ein Tier eine Nachricht, die der Artgenosse empfängt und entschlüsselt. Diese Informationen enthalten z.B. Angaben über Nahrung, Rivalen, Reviere oder Feinde. Die dabei eingesetzten Signale sind ganz vielfältig. So können Farben, Duftstoffe, Laute oder auch, wie bei der Biene, Tänze Informationen verschlüsseln.

A3 Atmung bei Insekten

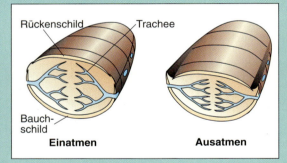

Insekten nehmen Sauerstoff durch eine Reihe kleiner Atemlöcher in dem Chitinpanzer auf. An diese schließt sich ein System von Röhren an, die Tracheen. Durch sie wird Sauerstoff zu den einzelnen Geweben transportiert und Kohlenstoffdioxid nach außen geleitet.

Beschreibe anhand der Abbildung, wie die Atmung bei Insekten funktioniert.

Ein Interview führen

Möchtet ihr zu einem Thema wie der Honigbiene Genaueres erfahren, lohnt es sich, ein Interview mit Experten zu führen.

Die Vorbereitung

- Legt das Thema fest.
- Sucht einen geeigneten Interviewpartner, mit dem ihr das Gespräch führen wollt. Besprecht, was ihr vorhabt, und vereinbart Ort und Termin für das Interview.
- Überprüft Geräte wie Kassetenrekorder, Mikrofon, Fotoapparat oder Videokamera.
- Bereitet eure Fragen sorgfältig vor. Konzentriert euch auf fünf bis sechs wichtige Fragen und haltet diese schriftlich fest. Vermeidet Fragen, auf die nur mit „ja" oder „nein" geantwortet werden kann.
- Verteilt die Aufgaben: Wer stellt die Fragen, wer bedient das Mikrofon und wer protokolliert schriftlich mit? Wer fotografiert oder filmt?

2 Beim Imker

Das Interview

- Meldet euch für das Interview vorher telefonisch an.
- Begrüßt eure Gesprächspartnerin oder euren Gesprächspartner und stellt euer Anliegen kurz vor.
- Achtet darauf, dass ihr eure vorbereiteten Fragen stellt und Antworten darauf bekommt.
- Lasst euch auch spontan auf interessante und neue Gedanken ein.
- Bedankt euch für das Gespräch.

Interview:

1) Welche Produkte gewinnen Sie von den Bienen?

2) Können Sie beschreiben, wie Sie den Honig aus den Waben bekommen?

3) Wie setzt sich bei Ihnen ein Bienenvolk zusammen?

4) Welche Kommunikation gibt es unter den Bienen? Wie verständigen sie sich?

3 Vorbereitete Fragen

Die Biene – ein Nutztier

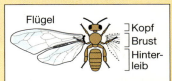

Flügel — Kopf / Brust / Hinterleib

1 Fertige Plakatwand

Welche Produkte liefern Bienen?

Herr B.: Honigbienen sind in erster Linie Honig- und Wachserzeuger. Ihre Bestäubungstätigkeit steigert aber auch die Erträge der Obstbauern. Manchen kosmetischen Mitteln wird Gelee royale beigefügt, der Futtersaft zukünftiger Königinnen.

Wie verständigen sich Bienen?

Herr B.: Sie verwenden eine Art Zeichensprache, den Bienentanz. Außerdem riecht die Biene nach den Futterpflanzen und gibt Kostproben aus ihrem Honigmagen ab. Beim Tanz bewegt die Biene ihren Hinterleib und „verrechnet" Sonnenstand, Lage des Bienenstocks und Futterquelle.

Die Aufbereitung

- Bereitet das Interview schriftlich auf, sodass ihr es in der Schülerzeitung oder auf einem Plakat veröffentlichen könnt.
- Formuliert einen Titel, stellt die interviewte Person und die Gesprächssituation kurz vor.
- Bringt die mündlichen Aussagen in eine lesbare Form. Gebt wichtige Kernaussagen wörtlich wieder.
- Kürzt und ordnet die Fragen und Antworten sinnvoll.
- Gestaltet einen Text. Ergänzt Zeichnungen oder Fotos.

3.6 Die Generationen des Kleinen Fuchses

Schmetterlinge zählen sicherlich zu den schönsten Insekten. Ihre oft prachtvollen Farben werden durch *Flügelschuppen* verursacht. Diese sitzen locker in Vertiefungen der dünnen und durchsichtigen Flügel.

Schon an den ersten sonnigen Vorfrühlingstagen sieht man einige Schmetterlinge im Zickzackflug umhergaukeln. Der **Kleine Fuchs** z. B. überwintert auf Dachböden, in Scheunen oder an anderen geschützten Stellen. Sobald es wärmer wird, erwacht er aus der *Winterstarre* und verlässt sein Winterquartier. Sofort beginnt er Nahrung zu suchen. Dazu benutzt er seine großen *Facettenaugen* und die am Ende verdickten *Fühler*. Die Fühler enthalten zahlreiche haarförmige Geruchsorgane. Sie sind so empfindlich, dass der Falter schon von weitem den Blütenduft wahrnehmen kann. Schmetterlinge erreichen mit ihrem langen *Saugrüssel*, der aus den beiden rinnenförmigen *Unterkiefern* gebildet wird, Nektar im tiefsten Blütengrund. In Ruhestellung liegt der Saugrüssel zusammengerollt unter dem Kopf.

Im Frühjahr sucht der Falter einen Partner, um sich zu paaren. Nach der Begattung kommt es zur inneren Befruchtung der Eier. Danach heftet das Weibchen seine befruchteten **Eier** in kleinen Haufen an die Unterseite von Brennnesselblättern. Die-

1 Kleiner Fuchs

A Eiablage

B Eipaket

C geschlüpfte Raupen

D eingesponnen Raupen

2 Entwicklung des Kleinen Fuchses (A – H)

ses ist die bevorzugte Futterpflanze der Nachkommen. Nach der Eiablage stirbt das Weibchen.

Aus den Insekteneiern schlüpfen nach etwa 20 Tagen die winzigen **Larven**. Man nennt sie bei Faltern *Raupen*. Die Raupen sind am ganzen Körper in Ringe gegliedert. Sie haben zusätzlich zu den drei Beinpaaren am Brustabschnitt noch vier Paar ungegliederte *Bauch-*füße und am hintersten Körperabschnitt ein Paar *Nachschieber*.

Raupen aus einem Gelege leben in der ersten Zeit dicht und gesellig beieinander. Dabei spinnen sie mehrere Blätter ihrer Wirtspflanze mit feinen Seidenfäden zusammen. So sind sie vor Fressfeinden geschützt.

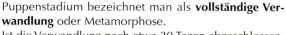
Die wichtigste Tätigkeit einer Raupe ist die Nahrungsaufnahme. Mit der Lupe erkennt man die kräftigen Fresszangen am Kopf. Es sind *beißende Mundwerkzeuge*. Kaum aus dem Ei geschlüpft, beginnt sie, die Blätter ihrer Wirtspflanze zu fressen.

Wenn die Temperaturen nicht zu niedrig sind, wächst die gefräßige Raupe schnell. Da ihr die Haut schon bald zu eng wird, muss dieser äußere Chitinpanzer gewechselt werden. Vor dieser *Häutung* wächst eine neue größere Haut unter der alten. Nun dehnt sich die Raupe, bis die alte Haut aufplatzt und sie buchstäblich „aus der Haut fahren" kann. Die neue, noch ganz zarte und faltige Haut benötigt einige Zeit, um auszuhärten. Nach der zweiten Häutung verändert sich das Aussehen der anfangs dunkel gefärbten Rau-

Puppenstadium bezeichnet man als **vollständige Verwandlung** oder Metamorphose.

Ist die Verwandlung nach etwa 20 Tagen abgeschlossen, platzt bei warmem und trockenem Wetter die Puppenhülle auf und der Falter schlüpft. Verknittert hängen die Flügel an ihm herab. Sofort pumpt der Falter Luft und Flüssigkeit in die Flügeladern. Dadurch entfalten und strecken sie sich. Die Flügel erhalten Spannung. Dann härten sie an der Luft aus. Nach etwa einer Stunde ist der frisch geschlüpfte Falter flugfähig.

H geschlüpfter Falter

G schlüpfender Falter

F Puppe

E ausgewachsene Raupe

pe. Sie ist nun behaart und trägt zwei gelbe Längsstreifen auf dem Rücken und je einen an der Seite. Die Häutung wiederholt sich etwa fünfmal, bis die Raupe nach etwa 30 Tagen ihre endgültige Größe erreicht hat. Nun hört sie auf zu fressen und sucht einen geeigneten Platz, um sich zu verpuppen.

Mithilfe eines Spinnfadens, der aus einer *Spinndrüse* an ihrem Mund austritt, hängt sie sich kopfunter mit dem Hinterleibsende an Stängeln oder Blättern auf. Jetzt häutet sie sich ein letztes Mal. Aus der Raupe entsteht eine **Puppe**. Diese ist farblich der Umgebung angepasst. Betrachtet man die Puppe von außen, verharrt sie scheinbar regungslos. In ihrem Inneren jedoch verwandelt sie sich. Aus der einfach gebauten plumpen Raupe wird ein Fluginsekt mit anderen äußeren und inneren Organen und völlig anderen Fähigkeiten. Eine solche Verwandlung mit einem

> Die Entwicklung eines Schmetterlings erfolgt vom Ei über Larve und Puppe bis zum fertigen Falter. Man bezeichnet sie als vollständige Verwandlung.

1 Wie findet der kleine Fuchs seine Nahrung?

2 Begründe, warum Schmetterlinge einen langen Saugrüssel brauchen.

3 Beschreibe die Entwicklung eines Schmetterlings. Benutze die Abbildungsreihe 2A bis H.

4 Vergleiche Schmetterling und Raupe.

5 Die Puppe des kleinen Fuchses wird auch „Sturzpuppe" genannt. Finde den Grund dafür.

6 Markiere in einem Kalender einen angenommenen Zeitpunkt der Eiablage und die Dauer der einzelnen Entwicklungsstadien eines Kleinen Fuchses. Wann etwa schlüpft der Falter?

7 Schmetterlinge sind selten geworden. Nenne Gründe und überlege Möglichkeiten, die Überlebenschancen der Schmetterlinge zu verbessern.

Pinnwand

SCHMETTERLINGE UND IHRE RAUPEN

Tagfalter	Nachtfalter
• weltweit ca. 15 000 Arten • fliegen überwiegend am Tag • Vorderflügel und Hinterflügel nahezu gleich groß	• weltweit ca. 150 000 Arten • fliegen überwiegend (nicht ausschließlich) in der Nacht • Vorderflügel meist deutlich größer als Hinterflügel

Tagpfauenauge	Schwalbenschwanz	Brauner Bär	Nonne
Schmetterling	Schmetterling	Schmetterling	Schmetterling
Merkmale: blaue, augenähnliche Flecken auf rotem bis rotbraunem Grund; Unterseite weniger kräftig gefärbt	*Merkmale:* unverwechselbare schwarze und blaue Zeichnung auf gelbem Untergrund; Hinterflügel mit Zipfeln	*Merkmale:* braune Vorderflügel mit weißen Binden, rosa-orange Hinterflügel mit schwarzblauen Flecken; bis 7 cm breit	*Merkmale:* weiße Vorderflügel mit schwarzen, zackigen Bändern und Streifen; Hinterflügel grau
Lebensweise: ernährt sich durch Saugrüssel von Nektar (Distel, Sommerflieder); fliegt von Juli bis in den Herbst; überwintert z. B. auf Böden, in Schuppen und in hohlen Bäumen und fliegt dann bis Mai	*Lebensweise:* ernährt sich durch Saugrüssel von Nektar; fliegt von April bis Mai und von Juli bis August; lebt auf Wiesen, an Wegen und in Gärten	*Lebensweise:* ernährt sich durch Saugrüssel von Nektar; fliegt von Juli bis August; lebt an Weg- und Waldrändern, Gewässerufern, in Gärten	*Lebensweise:* ernährt sich durch Saugrüssel von Nektar; fliegt von Juli bis September abends und nachts; lebt in Misch- und Nadelwäldern; Eiablage unter Baumrinde
Raupe	Raupe	Raupe	Raupe
Lebensweise: leben in großer Anzahl an Brennessel und Hopfen; fressen Blätter	*Lebensweise:* lebt von Blättern verschiedener Doldengewächse	*Lebensweise:* stark behaart (daher Brauner Bär); lebt z. B. an Ginster, Heidekraut, Brombeere; schädlich bei massenhaftem Auftreten	*Lebensweise:* stark behaart mit federartigen Büscheln; frisst Blätter u. a. von Linden, Eichen, Nadelbäumen; sehr gefährlicher Waldschädling

weitere einheimische Tagfalter:			weitere einheimische Nachtfalter:		
Kohlweißling	Zitronenfalter	Admiral	Totenkopf	Kiefernspanner	Apfelwickler

1 Grünes Heupferd in seinem Lebensraum

3.7 Insekten ohne Puppenstadium

In Wiesen und Gebüschen lebt das Grüne Heupferd. Es gehört zu den Laubheuschrecken. Auffallend am Grünen Heupferd sind die langen Fühler. Sie sind etwa so lang wie der seitlich abgeflachte Körper. Vom länglichen Kopf leitet sich der Name Heupferd ab. Die Farbe des Tiers ist grasgrün.

An der Gliederung des Körpers in Kopf, Brust und Hinterleib erkennt man, dass das Grüne Heupferd ein Insekt ist.

Die Hinterbeine sind auffällig kräftig und gewinkelt. Mit diesen *Sprungbeinen* können die Tiere weit springen. Die Flügel ragen über den Hinterleib hinaus. Das Männchen erzeugt mit ihnen zirpende Geräusche. Dazu streicht es mit einem so genannten Schrillkamm des linken Flügels über eine Schrillkante des anderen Flügels. Das erzeugte Zirpgeräusch wird durch eine schwingende Membran im Flügel verstärkt. Das Zirpen hat Bedeutung für die Paarung. Die Männchen locken damit die Weibchen an. Sie besitzen eine lange Legeröhre, mit der sie ihre Eier in den Erdboden legen. Hier überwintern die Eier. Im darauf folgenden Frühjahr schlüpfen die jungen Larven. Sie sind noch sehr klein und haben keine Flügel, sehen aber den Elterntieren schon sehr ähnlich. Sie wachsen und werden von Häutung zu Häutung größer. Die Flügel werden zunächst als Stummel sichtbar. Nach weiteren Häutungen werden sie immer länger. Nach der letzten Larvenhäutung ist die Entwicklung zum geschlechtsreifen Vollinsekt abgeschlossen. Heuschrecken haben kein Puppenstadium. Man spricht deshalb von einer **unvollständigen Verwandlung.**

Viele andere Insektengruppen, wie Läuse und Wanzen, haben ebenfalls eine *unvollständige Verwandlung.*

> Insekten, deren Jugendformen dem Vollinsekt schon sehr ähnlich sehen und eine Entwicklung ohne Puppenstadium durchlaufen, haben eine unvollständige Verwandlung.

1 Beschreibe die Entwicklung des Grünen Heupferdes mithilfe der Abbildung 2.

2 Vergleiche die Entwicklung von Schmetterling und Heupferd miteinander.

3 Begründe, warum das Grüne Heupferd zu den Insekten gehört.

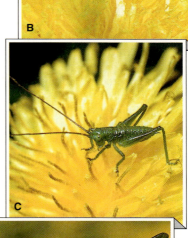

2 Entwicklungsstadien des Grünen Heupferdes. *A Eier legendes Weibchen; B und C unterschiedliche Larvenstadien; D Vollinsekt*

1 Wüstenheuschrecken. A *Ein Schwarm vernichtet die Pflanzendecke;* **B** *Heuschrecke beim Fressen*

3.8 Schädlinge unter den Insekten

Ein wandernder Heuschreckenschwarm rückt auf ein afrikanisches Dorf und seine Felder vor. Der Schwarm besteht aus etwa 30 Milliarden *Wüstenheuschrecken,* die alles Pflanzliche fressen: Blätter, Sprossachsen, Früchte und Blüten – nichts bleibt übrig. Ein großer Schwarm kann an einem Tag etwa 80 Millionen Kilogramm Grünmasse verschlingen. Länder Nordafrikas und Arabiens sind von der Plage betroffen. Sie verlieren durch diese **Schadinsekten** jährlich Ernteerträge im Wert von mehreren Millionen Dollar.

Der Mensch ist bislang fast machtlos gegen die Heuschreckenplage. Verschiedene Bekämpfungsmethoden haben bisher nicht zum Erfolg geführt.

Auch in unseren Gegenden gibt es eine Reihe von Insekten, die dem Menschen schaden. Nur fallen hier die Schäden häufig geringer aus. So fressen zum Beispiel *Kartoffelkäfer* und ihre Larven die Blätter von Kartoffelpflanzen und mindern so ihre Erträge. Die Raupen der *Kohlweißlinge* sind auf Kohlpflanzen zu finden und richten dadurch Schäden an.

Rebläuse befallen die Wurzeln von Weinstöcken und zerstören sie auf diese Weise. Auch im Forstbereich gibt es spezielle Schädlinge. Bei einem Massenbefall durch *Fichtenborkenkäfer* sind ganze Nadelwälder bedroht, da Käfer und Larven das Holz der Bäume zerstören. Verschiedene Blattlausarten schädigen vor allem Zimmerpflanzen, indem sie Pflanzensäfte saugen.

Andere Insekten verursachen Schäden an Rohstoffen. Hierzu zählt die *Kleidermotte.* Die Raupen dieses Schmetterlings leben in Stoffen, Wolle und Pelzen.

Die Raupen der *Kornmotte* ernähren sich dagegen von lagerndem Getreide. Ein anderer Vorratsschädling ist der *Mehlkäfer.* Seine Larven, die Mehlwürmer, fressen Mehl- und Mehlprodukte.

> **Stichwort**
> ## Schädlingsbekämpfung
> Maßnahmen zur Vernichtung von Schädlingen. Es gibt physikalische Verfahren (z. B. Hitze), chemische Verfahren (z. B. Gifte) und biologische Verfahren (z. B. Fressfeinde).

> Es gibt viele Schadinsekten. Sie fressen Kulturpflanzen, vernichten die Ernte oder zerstören Rohstoffe.

1 Welche Folgen hat das Massenauftreten von Heuschrecken für die betroffene Bevölkerung?

2 Nenne Insekten, die dem Menschen schaden. Informiere dich dazu auf der Pinnwand Seite 119. Gib deren Schadwirkung an.

INSEKTEN ALS PLAGEGEISTER

Pinnwand

Schutz vor lästigen Insekten

Fliegengitter vor dem Fenster verhindern das Eindringen der Plagegeister. Auch ein Moskitonetz über dem Bett schützt vor Stichen. Ätherische Öle von Lavendel, Zitrone oder Menthol können auf die Haut aufgetragen oder in Duftlampen verdampft werden. Der Geruch hält Insekten ab. Chemische Lotionen oder Sprays sollte man nur nach Gebrauchsanleitung benutzen, um gesundheitliche Schäden zu vermeiden. Wirksamen Schutz bietet auch das Tragen von langen Hosen und langärmliger Kleidung.

Bremsen belästigen Tier und Mensch

Wie bei den Mücken, werden auch bei den Bremsen nur die Weibchen lästig. Sie saugen das Blut von Wirbeltieren. Bremsenstiche sind schmerzhaft, da die schwertartigen Mundwerkzeuge das Gewebe zerreißen und dabei meistens auch die Nerven verletzt werden. Bei uns verursachen Bremsen Schäden durch ständige Beunruhigung von Weidevieh, das durch die Stiche sogar in Panik geraten kann. In Afrika übertragen einige Bremsenarten Krankheiten wie zum Beispiel Milzbrand auf Säugetiere und Menschen.

Kopfläuse

Kopfläuse leben ausschließlich im Kopfhaar. Sie sind 2,5 bis 3,5 mm lange Außenparasiten. Ein Weibchen legt bis zu 300 Eier, die so genannten Nissen. Diese werden am Haaransatz „angekittet". Die Stiche der Läuse verursachen heftigen Juckreiz. Kopfläuse können durch engen Kontakt oder durch Schals, Mützen und Kämme übertragen werden. Kopflausbefall wird durch Behandlung der Haare mit speziellen Mitteln aus der Apotheke beseitigt.

Kopfläuse sorgen für schulfrei

Leipzig. Nachdem in der örtlichen Grundschule mehrere Fälle von Kopflausbefall aufgetreten waren, erhielten zwei Klassen schulfrei. Wie das Gesundheitsamt mitteilte, dürfen betroffene Schüler/innen den Unterricht erst wieder besuchen, wenn sie vom Befall befreit sind.

So vermeidet man Bienen- und Wespenstiche

Bienen und Wespen greifen Menschen nicht absichtlich an. Sie stechen, wenn sie sich bedroht fühlen. Um Stiche zu vermeiden, sollte man folgendes beachten:
- Tiere nicht durch Umherschlagen aggressiv machen
- Getränke im Freien immer abdecken
- Speisen vor dem Essen genau anschauen
- sich nicht in der Nähe der Nester aufhalten
- nicht barfuß über eine Blumenwiese laufen

1 a) Wie können Läuse in Schule und Kindergarten übertragen werden?
b) Begründe, warum ganze Klassen schulfrei bekommen, wenn Kopfläuse auftreten.

2 Wie kann man verhindern, dass man eine Biene oder Wespe verschluckt?

3 Erkundige dich in der Apotheke, welche Mittel zum Schutz vor Mücken angeboten werden.

4 Warum sind Bremsenstiche besonders schmerzhaft?

1 Chemische Schädlingsbekämpfung

3.9 Mit Gift oder ohne?

Jedes Jahr im Frühjahr sieht man sie auf den Äckern: Traktoren, die einen feinen Sprühnebel aus fast 20 m breiten Auslegern über die Pflanzen verteilen. Es sind Pflanzenschutzmittel, auch *Pestizide* genannt, die zur Bekämpfung von Insekten, Pilzen und „Unkraut" verspritzt werden.

Unsere Kulturpflanzen und viele Wälder werden als *Monokulturen* aus nur einer Pflanzenart angebaut. Insekten, die auf diese Pflanzen spezialisiert sind, finden somit ein Überangebot an Nahrung. Sie vermehren sich massenhaft. Ernteausfälle sind die Folge. Daher werden von den Land- und Forstwirten chemische Gifte eingesetzt, um Insekten von den Kulturpflanzen fern zu halten. Mit der **chemischen Schädlingsbekämpfung** gelingt das schnell und wirksam. Doch es gibt erhebliche Nachteile, denn das Gift tötet auch nützliche Insekten und kann in das Grundwasser gelangen. In Nahrungsketten reichert es sich an und gelangt bis zu den Endverbrauchern. In den letzten Jahren beobachtet man vermehrt, dass viele Insekten gegen Pestizide *resistent,* d. h. unempfindlich, werden. Wissenschaftler suchen daher ständig neue umweltverträglichere Mittel.

So setzt man bei der **biologischen Schädlingsbekämpfung** verschiedene Lebewesen mit dem Ziel ein, die Zahl der Schädlinge zu verringern. Die Raupen des Maiszünslers, z. B. eines Schädlings in Maisfeldern, werden durch massenhafte Freisetzung von Schlupfwespen bekämpft. Außerdem werden *Sexuallockstoffe* eingesetzt. Im Forst werden Fichtenborkenkäfer so in tödliche Fallen gelockt. Andere Lockstoffe bewirken, dass die Geschlechtspartner der Schädlinge sich verfehlen und deshalb keine Vermehrung stattfindet.

Heute kombiniert man meistens verschiedene Bekämpfungsmethoden. Man nennt das **integrierte Schädlingsbekämpfung**. Dabei wird sorgfältig kontrolliert, wie stark die Pflanzen befallen sind und welche Maßnahmen zu einem Erfolg führen. Chemischer Pflanzenschutz wird dabei nur eingesetzt, wenn andere Methoden nicht zum Erfolg führen.

> Chemische Schädlingsbekämpfung ist sehr wirksam, bringt aber Probleme für die Natur. Biologische Schädlingsbekämpfung fördert die Nützlinge. Bei der integrierten Schädlingsbekämpfung werden beide Methoden miteinander kombiniert.

1 Nenne die Vor- und Nachteile der chemischen und der biologischen Schädlingsbekämpfung.
2 Werte den Einsatz des integrierten Pflanzenschutzes.

*2 Biologische Schädlingsbekämpfung. **A** Anlocken von Rapskäfern; **B** Ausbringen von Schlupfwespeneiern im Maisfeld*

„NÜTZLINGE" UNTER DEN INSEKTEN

Pinnwand

Schlupfwespe

Größe: je nach Art 2 bis 12 mm
Nahrung: Die Wespe legt ihre Eier unter anderem in Raupen von Schadinsekten ab. Die schlüpfenden Insekten leben parasitisch in der Raupe und töten sie.
Nutzen: Schlupfwespen regulieren in vielen Lebensräumen die Anzahl von Schädlingen. Sie vernichten z. B. Kohlweißlingsraupen und Holz zerstörende Käferlarven.

Springschwanz

Größe: je nach Art 1 bis 5 mm
Nahrung: Abfall, abgestorbene Pflanzenteile, Algen und Pilze
Nutzen: Die im Boden lebenden Arten bilden neue Mineralstoffe und Humus

Marienkäfer

Größe: je nach Art 3 bis 8 mm
Nahrung: viele Arten ernähren sich von Blattläusen; einige fressen Schildläuse, manche Pflanzen
Nutzen: Die Käfer werden zur biologischen Schädlingsbekämpfung eingesetzt. Bis zur Verpuppung frisst eine Larve etwa 600 Blattläuse.

Insekten als Blütenbestäuber

Bienen, Hummeln, Schmetterlinge und andere Insekten ernähren sich von Nektar und Pollen. Dabei übertragen sie Pollen auf die Narben der nächsten Blüte und bestäuben sie. Alle heimischen Obstarten wie Apfel, Birne, Pflaume und Kirsche werden durch Insekten bestäubt.

Schmetterlinge liefern Seide

Alle Falterraupen können Seidenfäden herstellen. Am bekanntesten sind die Raupen vom *Maulbeerspinner*. Seine Heimat ist Ostasien. Schon vor 3000 Jahren wurden diese Seidenraupen in China gezüchtet. Vor ihrer Verpuppung spinnen sie sich aus einem einzigen Faden eine Hülle, den Kokon. Der Faden lässt sich in seiner ganzen Länge abwickeln. Aus den jeweils etwa 1000 m langen Fäden werden Seidenstoffe gewebt.

3.10 Warum schützen wir Insekten?

Seit mehr als 300 Millionen Jahren bevölkern Insekten die Erde. Insekten stellen vier Fünftel aller Tiere auf diesem Planeten. Sie überraschen uns mit ihrer unglaublichen Artenvielfalt, mit unvorstellbarer Schönheit, mit sonderbaren Verhaltensweisen und mit raffinierten Überlebensstrategien.

Auch wenn viele Insekten Krankheiten übertragen oder Nutzpflanzen der Menschen schädigen, so gibt es doch genügend Gründe, warum andere Insektenarten geschützt werden sollten.

Ohrwürmer, Marienkäfer, Florfliegen und ihre Larven – sie alle fressen Blattläuse. Keine Frage, dass wir diese Insekten schützen wollen, denn sie sind nützlich. Das Gleiche gilt für die Honigbiene, die z. B. die Blüten der Obstbäume bestäubt und uns Honig liefert. Auch Schmetterlinge und andere Insekten helfen bei der Bestäubung der Blütenpflanzen. Viele der so entstehenden Samen und Früchte sind für den Menschen wichtig.

Eine große Bedeutung haben Insekten in Nahrungsketten. Wegen ihrer großen Zahl bilden sie die Lebensgrundlage vieler Tiere. Besonders bei den Singvögeln spielen sie als Nahrung eine große Rolle.

Leider sind einige Insektenarten heute selten geworden oder sogar vom Aussterben bedroht. Viele stehen daher in so genannten *„Roten Listen"* der gefährdeten Tiere. Meistens ist die Zerstörung der Lebensräume der Grund für die Gefährdung einer Art. Wenn z. B. alte Holzzäune und Scheunen mit ihren Spalten und Ritzen abgerissen werden, finden viele Insekten keine Nistmöglichkeiten mehr. Auch Bohrlöcher und rissige Narben an alten Bäumen dienen Insekten als Nistplatz. Viele von der Landwirtschaft nicht genutzte artenreiche Wegränder sind wichtige Lebensräume für Schlupfwespen, räuberische Laufkäfer und andere Tiere. Auch sollte jeder Gartenbesitzer versuchen, seinen Garten so zu gestalten, dass er für möglichst viele Insekten und andere Tierarten einen Lebensraum bietet.

> Viele Insektenarten müssen geschützt werden, da sie für den Haushalt der Natur wichtig sind.

1 Zähle Gründe auf, warum Insekten geschützt werden müssen. Nutze auch die Seite 121.
2 Nenne Gründe, warum im Garten eine große Artenvielfalt an Insekten erwünscht ist.
3 Warum vermeiden Fachleute den Begriff „Schädling"?

Viele verschiedene blühende Pflanzen wie Salweide, Sommerflieder, Pfefferminze, Salbei, Wiesenkerbel und Distel sind gute Futterpflanzen für ausgewachsene Insekten. Man muss aber auch an die Larven denken. So brauchen die Raupen des Tagpfauenauges zum Beispiel Brennnesseln oder Hopfen als Nahrung.

A

Ein Knäuel Holzwolle, Stroh oder Moos wird mit Bindedraht umwickelt. Den Draht zieht man durch das Abflussloch eines Blumentopfes, sodass sich das Knäuel im Topf befindet. Diesen Ohrwurmtopf hängt man mit der Öffnung nach unten in die Nähe einer Blattlauskolonie so an einen Zweig, dass die Ohrwürmer hineinkrabbeln können.

B

1 Hilfen für Insekten. A Brennnessel als Futterpflanze für Raupen des Tagpfauenauges; B Unterschlupf für Ohrwürmer

Hilfen für Insekten

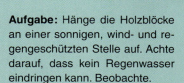
A1 Entwicklung einer Wildbiene

Neben der Honigbiene gibt es zahlreiche Bienenarten, die aber meist allein leben und nicht als Nutztiere gehalten werden. Manche dieser Wildbienen legen ihre Eier in Halmen ab.

1 Entwicklung der Roten Mauerbiene. A Mauerbiene am Halmende, B abgelegtes Ei im Inneren eines Halmes, C Larve, D Überwinterung als Puppe. (B–D in aufgeschnittenem Halmabschnitt.)

Beschreibe anhand der Abbildungen, wie die Entwicklung der Roten Mauerbiene verläuft.

V2 Halmbündel als Nisthilfen

Material: Stängel von Stroh, Schilf oder Bambus, Bindfäden, Draht, Gartenschere

Durchführung: Schneide die Halme in 10 cm lange Abschnitte und binde sie mit dem Bindfaden zu Bündeln zusammen. Du kannst sie auch in eine Dose, hohlen Ast oder ähnliches stecken. Bringe zum Befestigen ein Stück Draht an.

Aufgabe: Befestige die Halmbündel an einem sonnigen Ort so, dass sie sich nicht bewegen. Beobachte ab und zu über mehrere Wochen.

V3 Holzblöcke als Nisthilfen

Material: Holzblöcke, ungefähr 15 cm dick, Bohrer (3–10 mm), Hammer, Nägel, Draht

2 Holzblock und Halmbündel

Durchführung: Bohre in einen Holzblock Löcher mit einem Durchmesser von 3 bis 10 mm. Achte darauf, dass sie 3 bis 10 cm tief sind. Schlage an der Rückseite einen Nagel ein, von dem etwa 1 cm frei bleiben sollte. Daran kannst du die Holzblöcke mit einer Drahtschlaufe aufhängen.

Aufgabe: Hänge die Holzblöcke an einer sonnigen, wind- und regengeschützten Stelle auf. Achte darauf, dass kein Regenwasser eindringen kann. Beobachte.

V4 Lochziegel als Nisthilfen

Material: Lochziegelsteine, Lehm, Spatel, Nagel.

Durchführung: Streiche mithilfe des Spatels die Löcher mit Lehm zu. Drücke anschließend mit einem Nagel unterschiedlich große Öffnungen in den Lehm.

Aufgaben: a) Stelle die Ziegel an einen geschützten und hellen Ort. Die Löcher müssen waagerecht ausgerichtet werden.

b) Beobachte über einen längeren Zeitraum.

V5 Versteck für Ohrwürmer

Material: Mittelgroßer Blumentopf, Holzwolle, Stroh oder Heu, Bindfaden, Draht, Nagel, Schere

Durchführung: Befestige einen Draht in der Mitte eines Nagels. Ziehe das freie Ende des Drahtes von innen nach außen durch das Loch im Boden des Blumentopfes. An diesem Draht wird die Nisthilfe später aufgehängt. Umwickle das Füllmaterial mit dem Bindfaden zu einem Knäuel und befestige es an dem Nagel.

Aufgaben: a) Befestige den Ohrwurmtopf mit der Öffnung nach unten an einem Ast. Der Ohrwurmtopf sollte fest an diesem Ast anliegen.

b) Beobachte, ob die Ohrwürmer den Topf als Unterschlupf nutzen. Berichte.

1 Zecken. A Lebensraum; B Zecken auf der Haut;   *C Zecken verschieden stark vollgesogen*

4 Wirbellose als Parasiten

Mit Beginn des Frühjahrs lauert eine ganz besondere Gefahr im hohen Gras und im Unterholz eines Waldes: **Zecken,** auch Holzböcke genannt. Diese nur 3–4 mm kleinen, zu den Spinnentieren gehörenden Milben „zapfen" das Blut anderer Tiere, auch das des Menschen, an. Sie sind **Parasiten.** So nennt man Lebewesen, die sich auf Kosten anderer ernähren und sie dabei schädigen. Da Zecken außen am Menschen sitzen, gehören sie zu den **Außenparasiten.**

An diese Lebensweise sind Zecken gut angepasst. Nehmen sie den Körpergeruch eines geeigneten Wirtes wahr, lassen sie sich auf das Opfer fallen und bohren sich mit ihren Mundwerkzeugen fest in seine Haut ein. Da sie dabei sofort ein schmerzstillendes Mittel absondern, verursacht der Biss keine Schmerzen. So können sie tagelang unbemerkt Blut saugen und dabei rund das 200fache ihres eigenen Körpergewichtes zuneh-

Mit einer Pinzette so nahe wie möglich an der Haut fassen und nach oben ziehen

2 Zeckenentfernung

men. Eine Mahlzeit reicht für die nächste Entwicklungsetappe, die viele Monate dauert.

Vor Zecken wird gewarnt, weil sie auch für Menschen gefährliche Krankheiten übertragen können. Hierzu gehört eine besondere Form der Hirnhautentzündung (FSME) und die Borreliose. Die Krankheitserreger befinden sich im

Darm der Zecke. Drückt man bei ihrer Entfernung an den Hinterleib, können die Erreger in das menschliche Blut gelangen. Deshalb müssen Zecken stets fachgerecht oder gleich vom Arzt entfernt werden. Um sich vor Zecken zu schützen, sollte man bei Wald- und Wiesenspaziergängen in Zeckengebieten möglichst Haut und Haare bedecken. Wenn man dann noch öffentliche Wege benutzt, Insektenschutz aufträgt und hinterher die Kleidung ausschüttelt, kann man das Bissrisiko weiter vermindern. Gegen die gefährliche Hirnhautentzündung kann man sich auch impfen lassen. An einem Impfstoff gegen Borreliose wird noch geforscht.

> Zecken sind Parasiten.
> Sie reagieren auf Körpergeruch.

1 Zecken besitzen empfindliche Sinne wie Temperatursinn, Tastsinn, chemische Sinne, Erschütterungssinn. Nur einer dient aber als Wegweiser zum Opfer. Begründe, weshalb nur dieser in Frage kommt.

Wurmparasiten sind Innenparasiten

1897 starteten drei schwedische Forscher in einem Freiballon, um den Nordpol zu erreichen. Das Unternehmen misslang, der Ballon landete auf dem Eis und die Männer machten sich zu Fuß auf den Rückweg. Sie ernährten sich vom Fleisch der Eisbären, die sie schießen konnten. Trotzdem kamen die Forscher nie zurück. Erst 1930 fand man ihre Leichen in einer Höhle nahe der Insel Spitzbergen. Die Männer hatten sich mit dem Bärenfleisch eine Wurmerkrankung, die *Trichinose*, zugezogen und waren an ihr gestorben. Verursacher dieser Krankheit waren die **Trichinen.** Trichinen sind Fadenwürmer von zwei bis vier Millimetern Länge. Sie ruhen eingekapselt als *Muskeltrichinen* in der Muskulatur vieler Fleisch fressender Säugetiere. Isst man solches Fleisch, lösen sich die Kapseln in der Magensäure auf. Die frei werdenden Trichinen gelangen in den Darm und werden jetzt *Darmtrichinen* genannt. Ihre Nachkommen durchbohren die Darmwand und wandern mit dem Blut in die Muskulatur ein, wo sie, spiralig aufgerollt, eingekapselt werden.

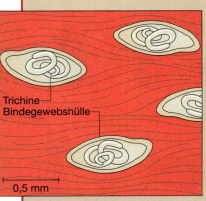

Trichine
Bindegewebshülle

0,5 mm

1 Muskeltrichinen

Muskeltrichinen können heftige Muskelschmerzen, Muskellähmungen und Fieberanfälle verursachen. Bei starkem Befall der Zwerchfellmuskulatur endet die Krankheit fast immer tödlich. In Europa wird Fleisch im Schlachthof auf Trichinen untersucht. Erkrankungen sind deshalb selten geworden.

Weit verbreitet ist der menschliche **Spulwurm.** Die weißgelblichen Tiere werden 15 bis 35 Zentimeter lang. Sie besitzen eine kräftige Muskulatur, mit der sie sich schlängelnd gegen das Abdriften im Darm schützen. Ein Weibchen bringt in seinem Leben etwa 60 Millionen Eier hervor. Diese werden mit dem Kot ins Freie abgegeben. Wenn Fäkalien zur Düngung verwendet werden, können die Eier z. B. auf Gemüse, Salat oder Erdbeeren gelangen. Werden solche Nahrungsmittel vor dem Verzehr nicht gründlich gereinigt, gelangen die Eier wieder in den menschlichen Körper.

Spulwürmer sind weit weniger gefährlich als Trichinen. Nur bei einem Massenbefall kann es zu Lungenentzündung, zu Leibschmerzen oder einem Darmverschluss kommen.

Vor allem bei Kindern tritt oft der nur wenige Millimeter lange **Kinder-** oder **Madenwurm** auf. Dieser Darmparasit ist harmlos. Die Wurmweibchen kriechen nachts, wenn das Kind schläft, durch den After nach außen und legen dort ihre Eier ab. Durch die Bewegungen der Würmer entsteht ein Juckreiz. Das Kind kratzt sich, einige Wurmeier bleiben an den Fingern hängen und können über den Mund zu einer erneuten Infektion führen. Gegen Madenwürmer helfen verschiedene medizinische Präparate.

Sehr dünne, oftmals mehrere Meter lange Wurmparasiten sind die **Bandwürmer.** Am Kopf tragen sie Saugnäpfe, manchmal auch Haken, mit denen sie sich an der Darmwand festhalten. Bandwürmer sind Zwitter, die sich selbst befruchten können. Ihre Eier werden mit dem Kot ausgeschieden. Werden diese bei der Nahrungssuche z. B. von einem Rind oder Schwein aufgenommen, entwickeln sich zunächst Larven. Diese durchbohren den Darm und setzen sich in der Muskulatur und anderen Organen fest. Dort entwickeln sie sich zu kugelförmig aussehenden *Finnen.* Isst der Mensch dieses Fleisch, so entwickelt sich in seinem Darm aus der Finne ein Bandwurm. Chemische Mittel oder eine Operation helfen gegen Bandwürmer.

Besonders gefährlich sind die etwa 0,5 cm langen Hunde- und Fuchsbandwürmer. Ihre Eier können mit dem Kot in das Hundefell oder beim Fuchsbandwurm auch durch den Wind auf Waldfrüchte gelangen. Nimmt der Mensch solche Eier auf, entwickeln sich in seinen Organen die kugeligen Finnen. Diese setzen sich meist in der Leber, in der Lunge, aber auch im Gehirn fest. Da sie einen Durchmesser von mehr als zehn Zentimeter haben können, verursachen sie, zu spät erkannt, nicht heilbare Schäden.

Durch hygienische Stallhaltung und Fleischbeschau kommt es in Europa heute seltener zu einer Bandwurmerkrankung. Einen absoluten Schutz bietet aber nur der Verzicht auf rohes Schweine-, Rind- und Fischfleisch. Vorsicht ist auch bei Liebkosungen von Hunden und Katzen geboten, wenn diese nicht regelmäßig entwurmt werden. Auch sollten niedrig wachsende Waldfrüchte vor dem Verzehr gut gereinigt werden.

♀ ♂
Darmtrichine

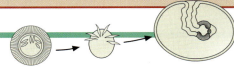

Eihülle mit Larve   Larve   Finne

Bandwurm

Prüfe dein Wissen

Wirbellose Tiere in ihren Lebensräumen

A1 Regenwürmer zeigen typische Merkmale und Anpassungen. Entscheide, welche dazugehören:
a) Kopf mit Hakenkranz; b) gleichmäßige Segmentierung; c) Chitinborsten; d) Facettenaugen; e) feuchte Haut; f) Zwitter.

A2 Honigbienen gehören zu den Insekten.
a) Benenne die gekennzeichneten Körperteile und Organe der Honigbiene.
b) Wende das Erschließungsfeld „Bau und Funktion" auf die Körperteile ④ und ⑤ an.

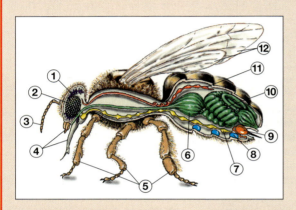

A3 Welche Aussagen treffen auf Insekten zu?
a) Insekten haben 4 Beine.
b) Insekten haben 6 Beine.
c) Insekten haben 8 Beine.
d) Insekten haben haben verschieden viele Beine.
e) Insekten haben einen dreigliedrigen Körper.
f) Insekten haben einen zweigliedrigen Körper.

A4 Welche Aussagen sind zutreffend?
a) Der Körper der Bienen ist in Kopf, Rumpf und Hinterleib gegliedert.
b) Bienen besitzen je zwei Vorder- und Hinterflügel, die sich während des Fluges verhaken.
c) Bienen fegen während des Fluges den Pollen mit den Sammelbeinen aus dem Haarkleid.
d) Eine Biene kann einen Menschen nicht mehrmals stechen.
e) Am Kopf fallen die sechseckigen Facettenaugen auf, die aus vielen halbkugeligen Einzelaugen bestehen.

A5 Welche Begriffe treffen auf Honigbienen zu? Facettenaugen, Linsenaugen, Fühler, Taster, Stechrüssel, Saugrüssel, Sammelbein, Sprungbein, Haftfuß, Stechapparat, Stachelapparat

A6 a) Unter die dargestellten Insekten ist ein Tier geraten, das dort nicht hingehört. Nenne es.
b) Wie heißen die Insekten?
c) Wende das Erschließungsfeld „Vielfalt" auf die Insekten an.

A7 Was sammeln Honigbienen bei ihrem Blüten-besuch?
Honig, Nektar, Pollen, Wachs

A8 Wie nennt man den Verband, in dem Bienen zu-sammenleben?
Nenne Merkmale eines solchen Verbandes.

A9 Wie heißen die dargestellten Bienenformen?

A10 Wende die Inhalte des Erschließungsfeldes „Fort-pflanzung" auf die Entwicklung eines Schmetterlings an.

A11 Welche der folgenden Insekten zählen zu den „Plagegeistern" des Menschen?
Maikäfer, Stechmücke, Wespe, Stubenfliege, Ohrwurm, Blattlaus, Honigbiene, Mistkäfer

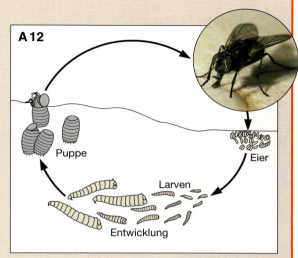

A12

Puppe

Eier

Larven

Entwicklung

a) Beschreibe anhand der Abbildung die Entwicklung einer Stubenfliege.
b) Zu welcher Tiergruppe gehört die Stubenfliege? Erläutere die Zuordnung.
c) Welche Form der Verwandlung liegt hier vor?

A13 Was trifft auf biologische Schädlingsbekämp-fung zu?
a) Die biologische Bekämpfung ist wirksamer als die chemische.
b) Schadstoffanreicherungen im Boden und in ande-ren Tieren werden vermieden.
c) Mit biologischen Methoden kann man Schädlinge gezielt bekämpfen.

A14 Die Abbildung zeigt verschiedene Parasiten des Menschen.
a) Benenne die einzelnen Parasiten.
b) Entscheide, welcher Parasit zu den Innen- bzw. Außenparasiten gehört.
c) Erläutere das Erschließungsfeld „Angepasstheit" an Beispiel 2.

1 Weichtiere

1.1 Schnecken lieben feuchte Plätze

Nachts und bei regnerischem Wetter kommen die Schnecken aus ihren Verstecken und gehen auf Futtersuche. Orangerot oder schwarz gefärbte **Wegschnecken** glänzen feucht am Boden im Halbdunkel des Waldes. Neben diesen *Nacktschnecken* entdecken wir auch *Gehäuseschnecken,* die sich langsam an Baumstämmen „emporschieben". Meist sind es die zwei bis drei Zentimeter großen **Gartenschnecken** mit unterschiedlich gefärbten Gehäusen. Bei Gefahr oder bei Trockenheit ziehen sich die Tiere in ihr Gehäuse zurück.

Eine **Weinbergschnecke** kriecht langsam über die feuchte Erde. Von hinten nach vorn verlaufende wellenförmige Muskelkontraktionen der Fußsohle schieben das Tier vorwärts. Dabei hinterlässt es eine silbrige Schleimspur. Diesen Schleim scheidet die Schnecke aus dem *Fuß* aus. Ihre breite *Kriechsohle* gleitet daher auf einer feuchten Schleimbahn. Ein Innenskelett fehlt. Am Kopf erkennt man zwei Paar *Fühler.* Am oberen längeren Paar sitzen zwei einfach gebaute *Augen.* Mit dem kürzeren, nach unten gerichteten Tastfühlerpaar wird die Nahrung geprüft. Beide Fühlerpaare kann die Schnecke nach innen einziehen.

Die Weinbergschnecke ernährt sich wie die meisten unserer Schnecken von Pflanzen. Mit einer *Raspelzunge,* auf der viele tausend rückwärts gerichteter Zähnchen angeordnet sind, schabt die Schnecke die Pflanzen wie mit einer Feile ab und zerreibt sie am festen Oberkiefer. Die Nahrung gelangt in den Darm, der zusammen mit anderen Organen im spiralig aufgewundenen *Eingeweidesack* im Innern des Gehäuses liegt. Er wird vom *Mantel* bedeckt, der den Kalk für das Gehäuse absondert. Am Mantelrand entdeckt man eine Öffnung, das *Atemloch.* Es führt zur Mantelhöhle, die als *Lunge* wirkt. Hier verlaufen zahlreiche Blutgefäße, die den Sauerstoff aufnehmen. Anschließend fließt das Blut zum Herzen, von wo aus es im ganzen Körper verteilt wird und die Organe frei umspült. Schnecken haben einen *offenen Blutkreislauf.* Zusätzlich atmet die Schnecke noch mit ihrer feuchten Körperoberfläche.

Weinbergschnecken besitzen sowohl männliche als auch weibliche Fortpflanzungsorgane. Sie sind **Zwitter.** In ihrer *Zwitterdrüse* bilden sich im Frühsommer zugleich Spermien und Eizellen. Wenn sich zwei paarungsbereite Schnecken treffen, pressen sie ihre Kriechsohlen aneinander. Ein Tier überträgt dann Spermien in die vorne rechts am Kopf liegende Geschlechtsöffnung des Partners. Diese werden in der Samentasche gespeichert. Jetzt reifen die Eizellen heran, die nach etwa einem Monat durch Spermien aus der Samentasche befruchtet werden. Dann wühlt die Schnecke mit dem Fuß ein etwa 6 Zentimeter tiefes Loch in lockere Erde und legt dort 40 bis 60 kaum erbsengroße Eier ab. Nach rund vier Wochen schlüpfen die jungen Schnecken.

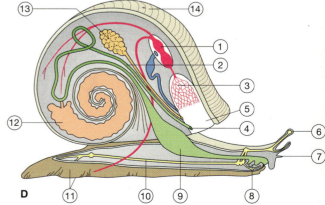

1 Schnecken in ihrem Lebensraum. A *Wegschnecke;* **B** *Schnirkelschnecke;* **C** *Weinbergschnecke;* **D** *Bau der Weinbergschnecke.* ① *Herz;* ② *Darm;* ③ *Lunge;* ④ *After;* ⑤ *Atemöffnung;* ⑥ *Fühler mit Augen;* ⑦ *Tastfühler;* ⑧ *Raspelzunge;* ⑨ *Magen;* ⑩ *Nervensystem;* ⑪ *Fuß und Kriechsohle;* ⑫ *Mitteldarmdrüse;* ⑬ *Zwitterdrüse;* ⑭ *Kalkgehäuse*

2 Fortpflanzung der Weinberg-
schnecke. A *Paarung;* **B** *Eiablage;*
C *junge Schnecken*

Schnecken leben vorwiegend an
schattigen, feuchten Plätzen. Es
sind Feuchtlufttiere.

1 Schnecken und Regenwürmer
sind Feuchtlufttiere. Erkläre.
2 Beschreibe die Fortpflanzung
bei Weinbergschnecken. Benutze
die Abbildung 2.
3 Berühre den Fühler einer
Schnecke vorsichtig mit einem
Strohhalm. Beschreibe die Reaktion
der Schnecke.
4 Suche das Atemloch bei einer
Schnecke. Ermittle, wie oft es sich
in einer Minute öffnet.

Schnecken

V1 Haltung von Schnecken

Material: hohes Glasgefäß oder
kleines Aquarium, Sand; Moos;
etwas Laubstreu; Fliegengitter;
2 bis 3 Schnecken; Futter (Salat,
Kohlblätter)
Durchführung: Richte ein
Schneckenterrarium wie in der
Abbildung ein. Setze es nie der
direkten Sonnenbestrahlung aus.
Führe regelmäßig Feuchtigkeit
zu, damit der Boden nicht aus-
trocknet. Spüle alle zwei Wochen
das Terrarium aus und richte es
neu ein. Alle Gegenstände und
Pflanzen müssen frei von Spül-
mitteln bzw. Pflanzenschutzmit-
teln sein. Füttere täglich. Setze
dann die Schnecken wieder aus.

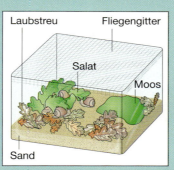

Aufgabe: Beschreibe, wie eine
Schnecke frisst.

V2 Wie können Schnecken mit nur einem Fuß laufen?

Material: Glasscheibe; Schnecke
Durchführung: Lass eine Schnecke auf einer Glasscheibe kriechen. Richte die Scheibe langsam auf.
Aufgaben: a) Beobachte die
Kriechsohle von unten. Beschreibe, wie sich die Schnecke fortbe-
wegt.

b) Wie viele Zentimeter bewegt
sie sich in einer Minute vorwärts?
c) Wie weit käme sie bei gleich-
mäßiger Geschwindigkeit in einer
Stunde?

V3 Gefährliche Kletterpartie?

Material: 2 Wäscheklammern;
Rasierklinge oder Rasiermesser;
Schnecke; Salatblatt
Durchführung: Klemme eine
Rasierklinge zwischen zwei Wä-
scheklammern. Stelle das Hin-
dernis vor die Schnecke. Locke
sie mit einem Salatblatt hinüber.

Aufgabe: Beobachte und erkläre, wie ihr das gelingt.

1 Teichmuschel

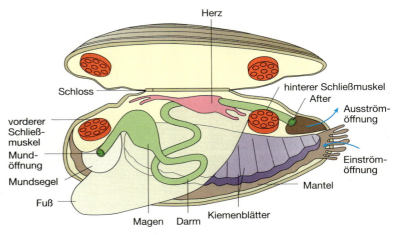

2 Bauplan einer Teichmuschel

Labels in figure 2: Herz; Schloss; hinterer Schließmuskel; After; Ausström-öffnung; vorderer Schließ-muskel; Mund-öffnung; Mundsegel; Fuß; Einström-öffnung; Mantel; Magen; Darm; Kiemenblätter

1.2 Teichmuscheln filtrieren das Wasser

Wenn du an einem Teich im weichen Ufergrund kleine, schmale Rillen siehst, so hast du wahrscheinlich die Spur einer Teichmuschel entdeckt. Mit ihrem *muskulösen Fuß* hat sie sich langsam über den weichen Gewässergrund geschoben und dabei diese Spuren hinterlassen.

Vielleicht entdeckst du sogar eine Muschel, die nur wenig aus dem Boden herausragt. Wenn du sie aus dem Wasser nimmst, klappt sie sofort ihre beiden *Schalenhälften* zu und der Fuß ist nicht mehr zu sehen. Die Schalen sind mit einer Art Scharnier, dem *Schloss,* miteinander verbunden. Zwei kräftige *Schließmuskeln* bewirken das Öffnen und Schließen der Schalenhälften.

Wenn du die Muschel wieder ins flache Wasser oder in ein mit Wasser gefülltes Gefäß legst, kannst du beobachten, wie sich die Schalenhälften öffnen. Langsam streckt sie den Fuß aus. Mit diesem bewegt sie sich nun fort. Auch gräbt sie damit ihren Körper in den Gewässergrund.

Gleichzeitig mit dem Fuß erscheint am hinteren Schalenende die gefranste *Wasser-Einströmöffnung.* Sie ist Teil des hautartigen *Mantels,* der alle Weichteile der Teich-muschel umhüllt. Zwischen Schale und Fuß liegt die *Mantelhöhle,* in die *Kiemenblätter* ragen. Feine Wimperhärchen auf den Kiemenblättern und den Mantelflächen erzeugen einen gleichmäßigen Wasserstrom. Dieser wird an den Kiemen vorbeigeführt und gelangt von dort durch die *Ausströmöffnung* wieder nach außen. Dabei nimmt die Teichmuschel Sauerstoff für ihre Atmung auf und gibt gleichzeitig Kohlenstoffdioxid wieder ab. Muscheln sind **Kiemenatmer.**

Mit dem Wasserstrom werden nicht nur Atemgase transportiert, sondern auch Nahrungsteilchen aus Pflanzen- und Tierresten. Auch Algen und einzellige Tiere gehören dazu. Sie bleiben an den Wimperhärchen der Kiemen und des Mantels wie in einem Filter hängen und werden von dort zur *Mundöffnung* transportiert. Die Nahrungsteilchen gelangen über den Mund in den Darm, wo sie verdaut werden. Muscheln sind **Filtrierer.** Die Teichmuschel kann auf diese Weise in einer Stunde bis zu 40 Liter Wasser filtrieren. Sie trägt damit zur Selbstreinigung der Gewässer bei.

Wenn sich Teichmuscheln fortpflanzen, geben die Männchen ihre Samenzellen in das Wasser ab. Die Weibchen legen ihre Eier in die Zwischenräume der Kiemen-blättchen ab. Aus dem Wasser filtrieren sie die Samenzellen. So können die Eier befruchtet werden. Sie werden so lange „aufbewahrt", bis sich daraus junge Muschellarven entwickelt haben.

> Teichmuscheln sind von zwei Schalenhälften umgeben.
> Sie ernähren sich von kleinen Pflanzen- und Tierresten durch Filtrieren.

1 Bitterlinge legen ihre Eier in die Einströmöffnung der Muschel. Männchen geben Samenzellen ins Wasser ab. Wie kommt es dennoch zur Befruchtung?

3 Bitterlinge und Teichmuschel

EINHEIMISCHE WEICHTIERE

Wasserschnecken im Süßwasser

Posthorn-
schnecke

Sumpf-
deckelschnecke

Spitzschlammschnecke

Die **Spitzschlammschnecke** und die **Posthorn-
schnecke** atmen durch Lungen. Sie müssen deshalb
zum Luftholen an die Wasseroberfläche kommen.
Die **Sumpfdeckelschnecke** dagegen atmet durch
Kiemen. Sie trägt am Hinterende einen hornartigen
Deckel, mit dem sie ihr Gehäuse jederzeit verschlie-
ßen kann. Die Sumpfdeckelschnecke ist lebendge-
bärend, sie bringt lebende Junge zur Welt.

1 Bereite eine Ausstellung verschiedener
Schneckengehäuse und Muschelschalen
vor. Weise mit deiner Ausstellung die Inhalte
des Erschließungsfeldes „Vielfalt" nach.

Sandklaffmuscheln

Die bis zu 12 cm großen hellen Muscheln graben
sich bis zu 20 cm tief in den Schlick- und Sandboden von Nord- und Ostsee. Mit der „Außen-
welt" stehen sie über ein langes Atemrohr in
Verbindung, das aus der zusammengewachsenen Ein- und Ausatmungsröhre besteht. Leere
Schalenhälften findet man oft am Strand.

Herzmuscheln

Die leeren Schalen der verschiedenfar-
bigen Herzmuscheln findet man häufig
am Spülsaum des Meeres. Die Tiere
leben eingegraben im Schlick- und
Sandboden von Ost- und Nordsee. Mit
ihren beiden Atemröhren befördern sie
Atemwasser zusammen mit Nahrungsteilchen in ihren Körper.

Miesmuscheln

Miesmuscheln leben in der Ost- und Nordsee. Sie werden
bis zu 10 cm lang. Die blauschwarzen Muscheln hängen mit
feinen, festen Fäden untereinander, aber auch an Steinen,
Felsen und Pfählen fest. Sie bilden dadurch dichte Muschel-
bänke.

Übung

Bestimmungsschlüssel für einheimische Gehäuseschnecken

A 1 Bestimmung von Gehäuseschnecken

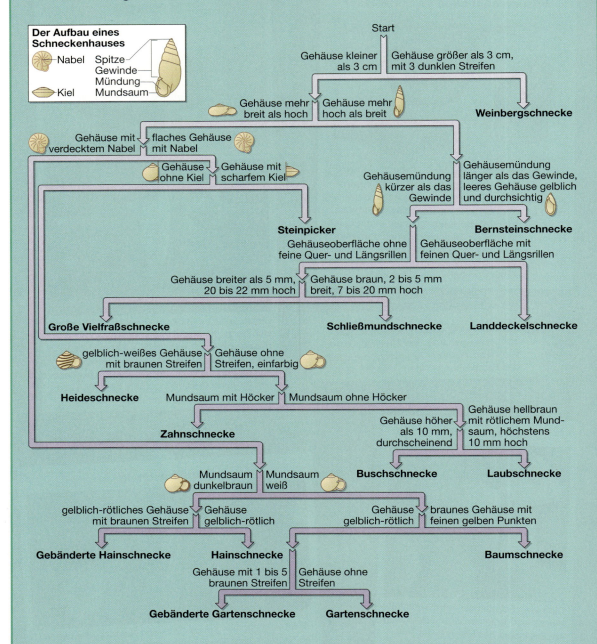

Der Aufbau eines Schneckenhauses

Nabel — Spitze / Gewinde / Mündung / Mundsaum

Kiel

Start

Gehäuse kleiner als 3 cm | Gehäuse größer als 3 cm, mit 3 dunklen Streifen

Gehäuse mehr breit als hoch | Gehäuse mehr hoch als breit

Weinbergschnecke

Gehäuse mit verdecktem Nabel | flaches Gehäuse mit Nabel

Gehäuse ohne Kiel | Gehäuse mit scharfem Kiel

Gehäusemündung kürzer als das Gewinde | Gehäusemündung länger als das Gewinde, leeres Gehäuse gelblich und durchsichtig

Steinpicker

Bernsteinschnecke

Gehäuseoberfläche ohne feine Quer- und Längsrillen | Gehäuseoberfläche mit feinen Quer- und Längsrillen

Gehäuse breiter als 5 mm, 20 bis 22 mm hoch | Gehäuse braun, 2 bis 5 mm breit, 7 bis 20 mm hoch

Große Vielfraßschnecke

Schließmundschnecke

Landdeckelschnecke

gelblich-weißes Gehäuse mit braunen Streifen | Gehäuse ohne Streifen, einfarbig

Heideschnecke

Mundsaum mit Höcker | Mundsaum ohne Höcker

Gehäuse höher als 10 mm, durchscheinend | Gehäuse hellbraun mit rötlichem Mundsaum, höchstens 10 mm hoch

Zahnschnecke

Buschschnecke

Laubschnecke

Mundsaum dunkelbraun | Mundsaum weiß

gelblich-rötliches Gehäuse mit braunen Streifen | Gehäuse gelblich-rötlich

Gehäuse gelblich-rötlich | braunes Gehäuse mit feinen gelben Punkten

Gebänderte Hainschnecke

Hainschnecke

Baumschnecke

Gehäuse mit 1 bis 5 braunen Streifen | Gehäuse ohne Streifen

Gebänderte Gartenschnecke

Gartenschnecke

a) Sammle im Garten Schneckengehäuse und bestimme ihre Namen mithilfe des oben abgebildeten Bestimmungsschlüssels.

b) Stelle die Erkennungsmerkmale der einheimischen Gehäuseschnecken mit verdecktem Nabel in einer Tabelle zusammen.

1 *Tintenfisch.* **A** *schwimmend;* **B** *Bauplan (Schema)*

Labels in figure B: Auge, Speiseröhre, Magen, Oberkiefer, Gehirn, Herz, Schulp, Mantel, Fangarme mit Saugnäpfen, Tintenbeutel, Unterkiefer, Zunge, Trichter, Niere, Kiemen, Mantelhöhle

1.3 Tintenfische

Beim Schnorcheln in den Küstengewässern des Mittelmeeres kann man manchmal auf einen **Tintenfisch** stoßen, der hier nach Beute sucht. Besonders auffallend sind seine großen, leistungsfähigen *Linsenaugen,* die seitlich am Kopf sitzen. Er packt z. B. kleine Fische oder Krebse mit den beiden langen *Fangarmen* und hält sie mit den *Saugnäpfen* fest. Dann helfen die übrigen acht Fangarme mit, die Beute zum Mund zu transportieren. Dort wird sie von den beiden Kiefern und der Radula zerkleinert. Der Rumpf des Tintenfisches ist flach und von einem *Mantel* umgeben, der am Rand in einen *Flossensaum* übergeht. Auf der Oberseite des Tieres liegt unter dem Mantel verborgen eine flache Kalkplatte, der *Schulp.* Dieser ist der Rest eines Gehäuses. Manchmal kann man am Strand einen solchen Schulp als Überrest eines Tintenfisches finden.

Auf der Bauchseite umschließt der Mantel die *Mantelhöhle,* in der zwei Kiemen liegen. Sie entnehmen dem vorbeiströmenden Wasser den Sauerstoff. Das Wasser gelangt durch einen verschließbaren Schlitz in die Mantelhöhle. Ist sie verschlossen, kann das verbrauchte Wasser durch den *Trichter* hinausgepresst werden. Der dabei erzeugte Rückstoß lässt den Tintenfisch rückwärts davonschießen. Auf der Flucht vor Feinden mischt er dem ausgepressten Wasser eine dunkle Flüssigkeit, die „Tinte", bei, die dem Verfolger die Sicht nimmt. Außerdem können Tintenfische ihre Körperfarbe sehr schnell dem Untergrund anpassen, sodass die Tiere stets gut getarnt sind.

Unter den Tintenfischen ist der im Atlantik lebende achtarmige **Krake** mit einer Spannweite von bis zu 15 Metern und einem Gewicht bis zu 1000 Kilogramm der größte Vertreter dieser Tiergruppe. Tiere dieser Größe leben aber nur in der Tiefsee und dienen vor allem Pottwalen als Nahrung.

Die Kraken des Mittelmeers können bis zu drei Meter lang werden. Ihr Rumpf ist ein einfacher Sack ohne Schulp. Kraken gehen nachts auf Beutefang. Sie bevorzugen zerklüftete Felsküsten, wo sie sich am Tag gut getarnt in Felsspalten verstecken. Nach Möglichkeit benutzen sie immer die selbe Stelle als Versteck.

Wie alle Tintenfische sind auch die Kraken *getrenntgeschlechtlich.* Nach der Paarung legen die Weibchen die Eier an einer Unterlage im Meer ab. Aus den Eiern entwickeln sich direkt, ohne Larvenstadium, junge Tintenfische.

Der Körperbau der Tiere lässt sehr deutlich erkennen, dass die Bezeichnung dieser Tiergruppe als Tintenfische irreführend ist. Tintenfische gehören wie Schnecken und Muscheln zu den **Weichtieren.** Da die Fangarme am Kopf der Tiere ansetzen, werden sie viel treffender auch **Kopffüßer** genannt.

> Tintenfische gehören zu den Weichtieren. Sie besitzen einen gut entwickelten Kopf. Da hier die Fangarme ansetzen, werden diese Tiere Kopffüßer genannt.

1 Stelle für einen Kopffüßer deiner Wahl einen Steckbrief auf.

2 Gib der Abbildung am unteren Rand dieser Seite eine Bildunterschrift. Erläutere den abgebildeten Vorgang.

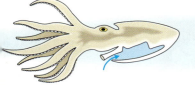
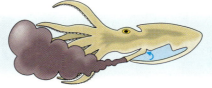

1 *Biologen im Kronendach eines tropischen Regenwaldes auf der Suche nach unbekannten Pflanzen- und Tierarten*

1 Die unermessliche Vielfalt der Lebewesen

Pflanzen und Tiere kommen auf unserer Erde in solch einer Vielzahl vor, dass es trotz jahrhunderterlanger Forschung noch immer nicht gelungen ist, einen vollständigen Überblick zu erhalten. Bisher sind etwa 1,5 Millionen Lebewesen beschrieben und benannt worden. Wissenschaftler gehen aber davon aus, dass es sogar 10 bis 100 Millionen sein könnten. Bei Forschungsreisen in noch unerschlossene Gebiete entdecken Forscher immer wieder neue Arten. Dabei ist die Gelegenheit, in einem tropischen Regenwald auf bisher unbekannte Lebewesen zu stoßen, ungleich größer als zum Beispiel bei uns in einem Laubmischwald. Weshalb ist das so?

Tropische Regenwälder bedecken zum Teil riesige, zusammenhängende Flächen. Manche Gebiete hat der Mensch noch nie betreten. Die Natur konnte sich dort bisher ungestört entwickeln. In diesem undurchdringlichen, treibhausfeuchten und dämmrigen Urwald ist das tierische und pflanzliche Leben vielfältiger als in anderen Lebensräumen. Auf einer Fläche von nur zwei mal drei Kilometern hat man 1500 Arten an Blütenpflanzen, 750 verschiedene Baumarten, 100 Säugetierarten, 400 Vogelarten, 100 Kriechtierarten und 60 Lurcharten gefunden. Allein auf einer Fläche, die nur so groß ist wie ein Fußballfeld, stellten Wissenschaftler etwa 42 000 Insektenarten fest. In einem Regenwald kann man auch von über 100 verschiedenen Mückenarten gestochen werden. Wie kommt es zu dieser **Artenvielfalt?**

Das ganze Jahr über herrscht im tropischen Regenwald ein feucht-heißes Klima. Wenn du schon einmal in einer Tropenhalle oder in einem tropischen Gewächshaus warst, kannst du dir ungefähr die Lebensbedingungen für die Pflanzen und Tiere vorstellen. Das ganze Jahr über blühen dort Pflanzen, vor allem in den Baumkronen der Urwaldriesen. Von den weltweit über 250 000 Arten an Blütenpflanzen kommen allein 170 000 in den Tropen vor. Sie bieten vielen verschie-

2 Vielfalt der Tiere

Vorkommen (in Arten)		
	Deutschland	**tropischer Regenw**
Säugetiere	93	3700
Vögel	238	8600
Kriechtiere	12	6300
Lurche	19	2500
Fische	130	20600
Insekten	28900	760000

3 Kolibri an der Blüte einer tropischen Pflanze

Wirbeltiere
Weichtiere
Spinnentiere
Käfer
Schmetter-
linge
Hautflügler
Zweiflügler
übrige Insek-
tengruppen
Krebse
Würmer
Einzeller
übrige Tiergruppen

4 Artenanzahl ausgewählter Tiergruppen (Welt)

denen Insektenarten wie Käfern, Fliegen, Bienen, Schmetterlingen, aber auch etwa 300 Kolibriarten reichlich Nahrung. Von den Früchten und Blättern ernähren sich Säugetiere und Insekten. Kriechtiere und Lurche stellen vom Boden bis in die höchsten Baumwipfeln ihren Beutetieren nach. Einige Froscharten laichen sogar in Baumwipfeln, wo sie in wassergefüllten Blatttrichtern ihre Eier ablegen. In diesen „Minitümpeln" können sich dann die Kaulquappen zu Fröschen entwickeln.

Die tropischen Regenwälder sind heute durch großflächige Rodungen in ihrem Fortbestand bedroht. Dies führt dazu, dass viele Pflanzen- und Tierarten ihre Lebensgrundlage verlieren und aussterben. An die Stelle der Regenwälder sind Ackerflächen getreten, die weit weniger verschiedene Arten von Lebewesen aufweisen.

Auch andere Lebensräume auf der Welt wie Laubwälder, Nadelwälder, Seen, Flüsse und Meere bleiben auf Dauer nicht unverändert. Schon durch eine geringfügige Luft- oder Gewässerverschmutzung, die Begra-

digung von Fließgewässern oder das Trockenlegen von Feuchtgebieten verschlechtern sich für viele Lebewesen die Lebensbedingungen. Sie wandern ab oder sterben aus, wenn sie keine neuen Lebensräume finden.

Die Menschheit hat inzwischen erkannt, dass die Artenvielfalt auf der Erde ein kostbares Gut ist, das erhalten und geschützt werden muss. **Internationale Artenschutzabkommen** sollen verhindern, dass seltene und vom Aussterben bedrohte Arten nicht gefangen und in den Handel gelangen dürfen. In einer sogenannten *Roten Liste* sind alle Pflanzen und Tiere erfasst, die unter strengem Schutz stehen. Naturschutzverbände haben sich zur Aufgabe gemacht, die Vielfalt unserer Landschaften mit ihren Pflanzen und Tieren zu schützen.

> Die Pflanzen- und Tierwelt der Erde zeichnet sich durch große Artenfülle aus. Sie unterliegt ständigen Veränderungen. Die Vielfalt ist in tropischen Regenwäldern am höchsten.

1 Versuche, ob es dir gelingt, von den folgend genannten Tiergruppen je 10 Arten aufzuführen, die du sicher erkennst: Säugetiere, Vögel, Kriechtiere, Lurche, Fische, Schmetterlinge, Käfer.
2 Nenne zu den folgenden Pflanzenfamilien je fünf Arten, von denen du glaubst, diese sicher zu erkennen: Lippenblütengewächse, Rosengewächse, Kreuzblütengewächse, Schmetterlingsblütengewächse.
3 Was kannst du der Abbildung 4 entnehmen?
4 Fertige über die in Deutschland vorkommenden Wirbeltierklassen ein Säulendiagramm an.
5 Wie kannst du persönlich zum Artenschutz beitragen?

...rkommen weltweit (in Arten)

...ekten   860 000

...stige Wirbellose   270 000

...beltiere   50 000

1 Gartenausschnitt. A Laubmoos; **B** Lebermoos; **C** Farn; **D** Nacktsamer; **E** Bedecktsamer

2 Formenvielfalt und Ordnung im Pflanzenreich

Es ist Sommer. Im Garten blühen Lilien, Margeriten, Mohn und Rittersporn. Dazwischen sieht man verschiedene Grüntöne. Dunkelgrün schimmern die Blätter der Pfingstrose, silbergrün die Nadeln der Blaufichte. Alle grünen Pflanzen besitzen den Blattfarbstoff **Chlorophyll.** Mit seiner Hilfe sind sie in der Lage, aus Kohlenstoffdioxid und Wasser Traubenzucker und Sauerstoff aufzubauen. Sie betreiben also Fotosynthese.

Erste Wasserpflanzen gab es bereits vor etwa zwei Milliarden Jahren auf der Erde. Einfache Landpflanzen besiedelten vor 400 Millionen Jahren das Festland. Seit dieser Zeit haben sich viele verschiedene Pflanzen entwickelt. Sie sind an die unterschiedlichsten Lebensräume angepasst. Man unterscheidet heute vier große Pflanzengruppen.

Algen gehören zu den einfach gebauten Pflanzen. Sie sind nicht in Wurzel und Spross gegliedert. Ihr Körper besteht entweder aus nur einer Zelle oder aus vielen Zellen. Mehrzellige Algen sind häufig fadenförmig oder flächig. Viele Algenarten leben ausschließlich im Wasser.

Bei den **Moosen** haben die *Lebermoose* meist eine einfache blattähnliche Gestalt. *Laubmoose* dagegen sind in Stängel und Blättchen gegliedert. Moose besitzen keine Blüten und bilden daher auch keine Samen aus. Sie besiedeln häufig feuchte Lebensräume.

Auch **Farnpflanzen** bilden keine Blüten aus. Sie gehören zu den Sprosspflanzen. Zu den Farnen zählen meist krautige, manchmal auch baumartige Pflanzen. Moose und Farnpflanzen sind Sporenpflanzen.

Als **Samenpflanzen** bezeichnet man die höchstentwickelten Sprosspflanzen. Sie tragen Blüten und bilden Samen aus. Im Samen geschützt liegen der Embryo und das Nährgewebe. So können sie ungünstige Umweltbedingungen wie Kälte und Trockenheit über lange Zeiträume überdauern. Samenpflanzen leben deshalb in fast allen Lebensräumen.

Die Samenanlagen können offen auf den Fruchtblättern liegen. Diese Gruppe der Samenpflanzen nennt man *Nacktsamer*. Bei den *Bedecktsamern* sind die Samenanlagen dagegen im Fruchtknoten eingeschlossen.

> **Stichwort**
>
> **Sprosspflanzen**
>
> Sprosspflanzen bestehen aus Wurzel und Spross. Der Spross gliedert sich in Sprossachse und Laubblätter.

> Pflanzen besitzen den grünen Blattfarbstoff Chlorophyll. Man unterscheidet Algen, Moose, Farn- und Samenpflanzen.

---

1 Nenne zu jeder der vier Pflanzengruppen zwei Arten.
2 Nenne Merkmale einer Samenpflanze.
3 Ordne folgende Begriffe in eine sinnvolle Übersicht zur Ordnung im Pflanzenreich: Pflanzengruppen, Samenpflanzen, Lippenblütengewächse, Algen Lebermoose, Laubmoose, Rotalgen, Braunalgen, Farne, Farnpflanzen, Schachtelhalme, Bärlappe, Moose, Grünalgen, Nacktsamer, Bedecktsamer, Kieferngewächse.

BAUPLÄNE WICHTIGER PFLANZENGRUPPEN

Moose

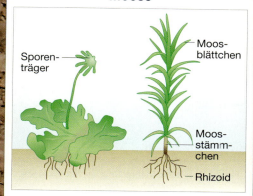

Sporen-träger
Moos-blättchen
Moos-stämm-chen
Rhizoid

Lebermoose haben einen einfachen flächigen Körper. Dieser ist in mehrere Gewebe gegliedert und durch Zellfäden im Boden verankert.
Laubmoose sind in Stämmchen mit Blättchen und Rhizoide gegliedert.

Farnpflanzen

Bärlappe sind häufig kriechende Pflanzen mit gabelig verzweigten Stängeln. Sie haben kleine, schuppenförmige Blätter.
Schachtelhalme besitzen einen hohlen Halm aus ineinander geschachtelten Gliedern.
Farne haben große, oft stark zerteilte Blätter (Wedel).

Samenpflanzen

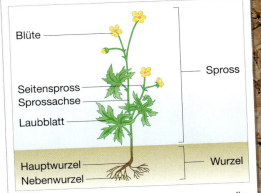

Blüte
Seitenspross
Sprossachse
Laubblatt
Spross
Hauptwurzel
Nebenwurzel
Wurzel

Samenpflanzen sind in Wurzel und Spross gegliedert. Sie bilden Blüten und Samen aus. Die Sprossachse kann krautig oder verholzt sein.
Je nach Wuchsform unterscheidet man Baum, Strauch und krautige Pflanze voneinander.

Algen

Grünalgen
Braunalgen
Rotalgen

Algen sind einzellige oder einfach gebaute Pflanzen, die im Wasser oder einer feuchten Umgebung leben. Man unterscheidet **Grünalgen,** die vor allem im Süßwasser vorkommen, von **Braun-** und **Rotalgen,** die meist im Meer zu Hause sind. Sehr große und weit entwickelte Algen werden als Tange bezeichnet. Sie können eine Länge von über 100 m erreichen.

1 Nenne Gemeinsamkeiten und Unterschiede zwischen den Pflanzengruppen.

2 Treffe Aussagen zur Fortpflanzung aller vier Pflanzengruppen. Beziehe den Inhalt des Erschließungsfeldes „Fortpflanzung" ein.

3 Übersicht über die wirbellosen Tiere

Vergleicht man verschiedene Tiere miteinander, so stellt man fest, dass manche von ihnen gleiche Merkmale im Körperbau haben. Solche gemeinsamen Merkmale verwendet man, um die Vielfalt der Tiere in übersichtliche Gruppen einzuteilen. Tiere, die in ihrem Grundbauplan übereinstimmen, werden zu einem **Stamm** zusammengefasst. Ist eines der Merkmale z. B. ein inneres Skelett mit Wirbelsäule, gehören die Tiere zum Stamm der Wirbeltiere.

Die Tiere ohne Wirbelsäule, die **wirbellosen Tiere,** kann man in mehrere Stämme untergliedern.

Jeder Stamm wird noch weiter unterteilt. Zum Stamm der Gliederfüßer gehören beispielsweise so unterschiedliche Gruppen wie Spinnentiere und Insekten. Solche Untergruppen eines Stammes werden als **Klassen** bezeichnet. Auch die Klassen kann man weiter unterteilen, bei den Insekten etwa in Käfer, Schmetterlinge, Flöhe usw. Diese **Ordnungen** werden noch weiter in **Familien** und **Gattungen** untergliedert. Zu einer Gattung gehören meist mehrere **Arten.** So sind z. B. Admiral und Distelfalter zwei verschiedene Arten einer Gattung.

Stamm: Einzeller

Kennzeichen: Körper besteht nur aus einer Zelle; manche Arten sind autotroph, die meisten heterotroph, einige sind Parasiten

Klasse:
Geißelträger
(z.B. Euglena)

Klasse:
Wurzelfüßer
(z.B. Amöbe)

Klasse:
Sporentierchen
(z.B. Plasmodium)

Klasse:
Wimpertierchen
(z.B. Pantoffeltierchen)

Stamm: Schwämme

Kennzeichen: einfach gebaute Vielzeller ohne innere Organe; fest sitzende Wassertiere, die ihre Nahrung durch Poren in den Körper einstrudeln

Hornschwämme
(z.B. Badeschwamm)

Stamm: Nesseltiere (Hohltiere)

Kennzeichen: im Wasser lebende einfach gebaute Vielzeller ohne innere Organe; der becherförmige Körper hat nur eine Öffnung, die gleichzeitig Mund und After ist

Klasse:
Hydratiere
(z.B. Süßwasserpolyp)

Klasse:
Schirmquallen
(z.B. Ohrenqualle)

Klasse:
Blumentiere
(z.B. Seeanemone)

Stamm: Rundwürmer

Kennzeichen: ungegliederte drehrunde Würmer mit durchgehendem Darm; Rädertierchen mit großer Formenvielfalt

Klasse:
Rädertiere

Klasse:
Fadenwürmer
(z.B. Trichine)

Stamm: Plattwürmer

Kennzeichen: abgeplatteter Körper; Darm mit nur einer Öffnung, die gleichzeitig Mund und After ist; Bandwürmer ohne Darm; viele Arten sind Parasiten

Klasse:
Strudelwürmer
(z.B. Alpenstrudelwurm)

Klasse:
Saugwürmer
(z.B. Leberegel)

Klasse:
Bandwürmer
(z.B. Schweinebandwurm)

Stamm: Stachelhäuter

Kennzeichen: Meerestiere mit einem unter der Haut liegenden Kalkskelett; Körper mit fünf Symmetrieachsen

Klasse:
Seesterne

Klasse:
Seeigel

Stamm: Weichtiere

Kennzeichen: wenig gegliederter Körper; eine Hautfalte, der Mantel, scheidet eine äußere (Schnecken, Muscheln) oder innere Kalkschale (Kopffüßer) ab

Stamm: Ringelwürmer

Kennzeichen: lang gestreckter Körper in viele gleichartige Segmente gegliedert

Klasse:
Schnecken
(z.B. Weinbergschnecke)

Klasse:
Muscheln
(z.B. Miesmuschel)

Klasse:
Kopffüßer
(z.B. Gem.Tintenfisch)

Klasse:
Vielborster
(z.B. Seeringelwurm)

Klasse:
Wenigborster
(z.B. Regenwurm)

Stamm: Gliederfüßer

Kennzeichen: Körper aus unterschiedlichen Segmenten aufgebaut, die mehrere deutlich unterscheidbare Körperabschnitte bilden; Außenskelett aus Chitin; mehrere bis viele aus mehreren Gliedern bestehende Gliedmaßen zur Fortbewegung; mit Abstand artenreichster Tierstamm

Klasse:
Spinnentiere
(z.B. Kreuzspinne)

Klasse:
Krebstiere
(z.B. Flusskrebs)

Klasse:
Insekten

Klasse:
Tausendfüßer
(z.B. Schnurfüßer)

Ordnung:
Springschwänze

Ordnung:
Fischchen

Ordnung:
Termiten

Ordnung:
Eintagsfliegen

Ordnung:
Libellen

Ordnung:
Hafte

Ordnung:
Schaben

Ordnung:
Steinfliegen

Ordnung:
Ohrwürmer

Ordnung:
Laubheuschrecken

Ordnung:
Feldheuschrecken

Ordnung:
Wanzen

Ordnung:
Tierläuse

Ordnung:
Pflanzenläuse

Ordnung:
Flöhe

Ordnung:
Köcherfliegen

Ordnung:
Käfer

Ordnung:
Hautflügler

Ordnung:
Schmetterlinge

Ordnung:
Zweiflügler

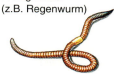

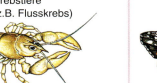

Methode   ## Präsentieren mit dem PC

Präsentieren kann man auch mit dem PC. Dazu benötigt man einen PC mit Präsentationsprogramm und ein Projektionsgerät, den *Beamer*. Mit einem Präsentationsprogramm werden Folien so ähnlich erteilt, wie mit einem Textverarbeitungsprogramm. Es gelten auch dieselben Gestaltungskriterien (Schriftgröße, Farben, ...) wie bei der Herstellung von Folien für den Tageslichtprojektor. Der Unterschied ist, dass sich einzelne Elemente einer Folie in der von dir gewünschten Reihenfolge einblenden lassen. Dieser Vorgang wird *Animation* genannt.

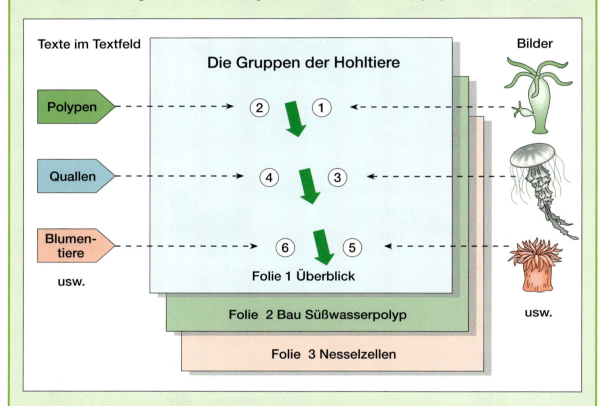

Die Text- und Bildelemente der Folie erscheinen passend zu den Inhalten des Vortrags. Zusätzlich lassen sich die Übergänge zwischen den einzelnen Folien gestalten. So kann man z. B. eine Folie über den rechten Bildrand verschwinden lassen, während gleichzeitig die nächste von links eingeschoben wird. Eine weitere Möglichkeit, einen Vortrag interessant zu gestalten, bieten Präsentationsprogramme durch die Möglichkeit, Filmausschnitte und Soundeffekte einzubinden.

Tipps
- Erstelle eine handschriftliche Gliederung.
- Die Struktur aller Folien zu einem Vortrag sollte gleich sein.
  Verwende deshalb für alle Folien ein einheitliches Layout.
- Wähle möglichst nur eine Übergangsmethode.
- Verwende Animationen sparsam.

1 Erstelle eine Computerpräsentation zu einer Tier- oder Pflanzengruppe. Stelle diese in der Klasse vor. Arbeite dabei mit einem Partner. Nutze die Erschließungsfelder im Buchinnendeckel.

Vielfalt des Lebens

A1 Die Fotos zeigen Pflanzen aus ganz unterschiedlichen Pflanzengruppen.
Ordne ihnen die folgenden Begriffe zu: Samenpflanze, Sporenpflanze, Moos, Farn, Alge, Bärlapp, Schachtelhalm. Mehrfachnennungen sind möglich.

A3 Bei der Präparation eines Fisches findet man unter anderem das Organ A.

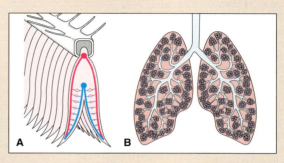

a) Benenne A und B.
b) Nenne und erläutere Gemeinsamkeiten und Unterschiede zwischen A und B.
c) Wende das Erschließungsfeld „Bau und Funktion" an.

A4

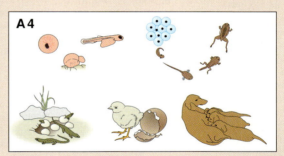

Alle Wirbeltiere pflanzen sich geschlechtlich fort. Dennoch gibt es hier Unterschiede. Ergänze folgende Sätze in deinem Hefter:
a) Fische haben eine … Befruchtung. In den Eiern entwickeln sich … mit einem Dottersack.
b) Frösche haben eine … Befruchtung. Aus Kaulquappen entstehen … Die Frösche machen eine … durch.
c) Kriechtiere haben eine... Befruchtung. Sie entwickeln sich in …, die meist im Boden abgelegt werden.
d) Vögel entwickeln sich in …, die durch eine … geschützt werden.
e) Säugetiere gebären … Junge, die gesäugt werden. Sie sind bei Geburt unterschiedlich weit entwickelt.
f) Mit der Geburt kommt der Mensch als Säugling zur Welt. Ein Kind in den ersten Lebensmonaten heißt Säugling, weil …

A2 Ordne die abgebildeten Tiere den folgenden Gruppen zu: Insekten; Krebstiere; Spinnentiere; Ringelwürmer; Weichtiere; Hohltiere.

Fette Seitenzahlen weisen auf ausführliche Behandlung im Text oder auf Abbildungen hin;
f. = die folgende Seite; ff = die folgenden Seiten

Erschließungsfelder

Methoden

Trotz entsprechender Bemühungen ist es nicht in allen Fällen gelungen, den Rechtsinhaber ausfindig zu machen.
Gegen Nachweis der Rechte zahlt der Verlag für die Abdruckerlaubnis die gesetzlich geschuldete Vergütung.

Register

Titel (Hintergrund Wald): creativ collection Verlag GmbH, Freiburg; Titel (Eichhörnchen): Reinhard/Okapia, Frankfurt; Titel (Rotkehlchen): Beck/Mauritius, Mittenwald; vorderer Vorsatz (Gelbrandkäfer): Hecker/Silvestris, Kastl; vorderer Vorsatz (Regenwürmer, Paarung): Pfletschinger/Tierbildarchiv Angermayer, Holzkirchen; vorderer Vorsatz (schlüpfende Regenwürmer): Pfletschinger/Tierbildarchiv Angermayer, Holzkirchen; vorderer Vorsatz (See): Wellinghorst, Quakenbrück; 6.1A: Schroedel Archiv; 7.2C: Schroedel Archiv; 8.3: Schroedel Archiv; 8.4: Schroedel Archiv; 8.6: Schroedel Archiv; 8.7: Schroedel Archiv; 9.1: Starke, Leipzig; 9.2: Pfeiffer/Silvestris, Kastl; 9.3: Dobers, Walsrode; 9.4: Reinhard/Okapia, Frankfurt; 10.1: Tegen, Hambühren; 10.2: Tegen, Hambühren; 10.2A: Reinhard/Okapia/Picture-Alliance GmbH, Frankfurt; 10.2B: creativ collection Verlag GmbH, Freiburg; 10.2C: creativ collection Verlag GmbH, Freiburg; 10.3: Tegen, Hambühren; 10.4: Tegen, Hambühren; 11.1A: Starke, Leipzig; 11.1C: Tönnies, Laatzen; 11.2A: Hoff, Hamburg; 11.2B: Wellinghorst, Quakenbrück; 12.2 Schroedel Archiv; 12.3: Schroedel Archiv; 12.5: Tönnies, Laatzen; 13.1: Starke, Leipzig; 13.2: Gunther/BIOS/Okapia, Frankfurt; 13.3: Reinhard/Okapia, Frankfurt; 18.2A: Schroedel Archiv; 18.2B: Schroedel Archiv; 18.2C: Schroedel Archiv; 18.2D Schroedel Archiv; 19.1A: TH Foto/Tschanz-Hofmann/Okapia, Frankfurt; 19.1B: B. + H. Kunz/Okapia, Frankfurt; 19.1C: Reinhard/Okapia, Frankfurt; 19.1D: Dobers, Walsrode; 19.4A: Randler, Bietigheim-Bissingen; 19.4B: Starke, Leipzig; 19.4C: Haslberger/Tierbildarchiv Angermayer, Holzkirchen; 19.4D: Schroedel Archiv; 19.4E: Tönnies, Laatzen; 20.1: Ekholm/Mauritius, Mittenwald; 21.1A: Dr. Philipp, Berlin; 22.1A: Schacke/Okapia, Frankfurt; 22.1B: Tönnies, Laatzen; 22.2: Dr. Pott/Okapia, Frankfurt; 23.1A: Dr. Pott/Okapia, Frankfurt; 23.1B: Glammeier, Hannover; 23.1C. Albinger/Silvestris, Kastl; 23.1D: Glammeier, Hannover; 23.1E: Glammeier, Hannover; 23.1F: Die Holzschmiede, Thurnau; 24.1A: Silvestris, Kastl; 24.1B: Dobers, Walsrode; 24.2: Dobers, Walsrode; 28.1: Vock/Okapia, Frankfurt; 29.1: Cramm/Silvestris Kastl; 29.2: Wellinghorst, Quakenbrück; 29.3: Reinhard-Tierfoto, Heiligkreuzsteinach; 29.4: Prof. Dr. Weber, Reutlingen; 29.5: Reinhard-Tierfoto, Heiligkreuzsteinach; 29.7: Prof. Dr. Weber, Reutlingen; 29.8: Reinhard-Tierfoto, Heiligkreuzsteinach; 30.1B: Reinhard/Okapia, Frankfurt; 30.1C: Reinhard/Okapia, Frankfurt; 30.1D: Angermayer, Holzkirchen; 31.2: Skibbe/Silvestris, Kastl; 31.3: Reinhard-Tierfoto, Heiligkreuzsteinach; 31.4: Skibbe/Silvestris, Kastl; 31.5: Jakobi/Silvestris, Kastl; 31.6: Wöhler/Silvestris, Kastl; 31.7: Heppner/Silvestris, Kastl; 31.8: Lenz/Silvestris, Kastl; 31.9: Wothe/Silvestris, Kastl; 31.10: Wagner/Silvestris, Kastl; 31.11: Skibbe/Silvestris, Kastl; 32.1A: Tönnies, Laatzen; 32.1B: Tönnies, Laatzen; 32.3A: Dobers, Walsrode; 33.1A: Tönnies, Laatzen; 33.1B: Dobers, Walsrode; 36.1: Reinhard-Tierfoto, Heiligkreuzsteinach; 36.2: Reinhard-Tierfoto, Heiligkreuzsteinach; 36.3: Reinhard-Tierfoto, Heiligkreuzsteinach; 36.4: Reinhard-Tierfoto, Heiligkreuzsteinach; 36.5: Reinhard-Tierfoto, Heiligkreuzsteinach; 36.6: Reinhard-Tierfoto, Heiligkreuzsteinach; 38.1A: Reinhard-Tierfoto, Heiligkreuzsteinach; 38.1B: Havel/Mauritius, Mittenwald; 38.1C: Gross/Silvestris, Kastl; 38.1D: Reinhard-Tierfoto, Heiligkreuzsteinach; 38.1E: Danegger/Okapia, Frankfurt; 39.2: Thonig/Mauritius, Mittenwald; 42.1A: Elfner/Angermayer, Holzkirchen; 42.1B: Angermayer, Holzkirchen; 42.1C: Reinhard/Mauritius, Mittenwald; 42.1D: Deymann/Silvestris, Kastl; 42.1E1: Schroedel Archiv; 42.1E2: Schroedel Archiv; 43.1A: Ossi Baumeister/Gesellschaft für ökologische Forschung e.V., München; 43.1B: Ossi Baumeister/Gesellschaft für ökologische Forschung e.V., München; 43.1C: Ossi Baumeister/Gesellschaft für ökologische Forschung e.V., München; 43.2A: Bühler/Silvestris, Kastl; 43.2B: Kratz/Okapia, Frankfurt; 43.3: Steinmetz/Naturbild/Okapia, Frankfurt; 44.2: Danegger/Okapia, Frankfurt; 44.3: Dr. Philipp, Berlin; 45.2: Biblioteca Nazionale Marciana, Venezia; 45.3: Kiepke/Naturbild/Okapia, Frankfurt; 46.1: Kalden/Silvestris, Kastl; 46.2: Silvestris, Kastl; 46.3: Skibbe/Silvestris, Kastl; 46.4: Oetelshofen/Okapia, Frankfurt; 47.5: Hubatka/Mauritius, Mittenwald; 47.6: TH Foto-Werbung/Silvestris, Kastl; 47.7: Hecker/Silvestris, Kastl; 48.1: Tönnies, Laatzen; 48.2: Walz/Silvestris, Kastl; 49.1: Markmann/Okapia, Frankfurt; 49.2: Rosing/Mauritius, Mittenwald; 49.3: Rossi/Zefa, Düsseldorf; 49.4: Arthur/Mauritius, Mittenwald; 49.5: Wellinghorst, Quakenbrück; 49.6: PowerStock/Mauritius, Mittenwald; 51.3: Dr. Philipp, Berlin; 52.1: Minkus, Isernhagen; 52.2A: Schroedel Archiv; 52.2B: Schroedel Archiv; 52.2C: Schroedel Archiv; 55.1: Schroedel Archiv; 55.2: Minkus, Isernhagen; 57.2A: Karly, München; 57.2B: Brockhaus/Silvestris, Kastl; 57.2C: Dalton/OSF/Okapia, Frankfurt; 57.2D: Pfletschinger/Angermayer, Holzkirchen; 57.1: Pfletschinger/Angermayer, Holzkirchen; 57.2: Wothe/Okapia, Frankfurt; 57.3: Rabisch, Duingen; 57.4: Angermayer, Holzkirchen; 58.1: Mathias, Reutlingen; 58.2: Mathias, Reutlingen; 58.3: Mathias, Reutlingen; 59.1: Eschenbach Optik GmbH + Co., Nürnberg; 59.3: Lieder, Ludwigsburg; 62.1A: Birke/Mauritius, Mittenwald; 62.1B: Nature + Science, Vaduz; 62.1C: Lacz/Silvestris, Kastl; 62.1D: Reinhard-Tierfoto, Heiligkreuzsteinach; 62.1E: Reinhard-Tierfoto, Heiligkreuzsteinach; 63.2: Reinhard-Tierfoto, Heiligkreuzsteinach;

64.1B: Mathias, Reutlingen; 67.1A: Wellinghorst, Quakenbrück; 68.1: Minkus, Isernhagen; 68.2A: Lücking/Universität Bayreuth, Lehrstuhl für Pflanzensystematik, Bayreuth; 68.2B: Knabben/Okapia, Frankfurt; 69.3B: Karly, München; 69.3C: Minkus, Isernhagen; 73.1: Lieder, Ludwigsburg; 73.2: Nature + Science, Vaduz; 73.3: BCI/IFA-Bilderteam, München; 73.4: Karly, München; 73.5: Lieder, Ludwigsburg; 74.1: Dr. Manfred Kage, Lauterstein; 76.1C: Väth; 77.1A: NAS/M. Abbey/Okapia, Frankfurt; 78.1: Greiner/Greiner + Meyer, Braunschweig; 79.3: Graebner/Greiner + Meyer, Braunschweig; 80.1A: Scharf/Arnold, Inc./Okapia, Frankfurt; 80.1B: Karly, München; 80.1C: Science Photo Library/Focus, Hamburg; 80.2: Harstrick/Greiner + Meyer, Braunschweig; 81.1: Focus, Hamburg; 81.2: NAS/Bjornberg/Okapia, Frankfurt; 81.3: Meckes/eye of science, Reutlingen; 81.5: eye of science, Reutlingen; 81.6: w.o.s./Özel/eye of science, Reutlingen; 82.1: Dobers, Walsrode; 82.2: Dobers, Walsrode; 82.3: Heitmann/Silvestris, Kastl; 82.4: Institut Pasteur/CNRI/Okapia, Frankfurt; 84.1B: eye of science, Reutlingen; 85.1: Biophoto Ass./ScienceSou./Okapia, Frankfurt; 86.1B: Dobers, Walsrode; 86.1C: Dobers, Walsrode; 86.1H: Proll/Deutscher Kleintierzüchter; 88.1: AKG, Berlin; 88.1: AKG, Berlin; 89.1: Dr. Hellwege, Lauterecken; 89.2: Dr. Hellwege, Lauterecken; 90.2A: Knabben/Okapia, Frankfurt; 90.2B: Karly, München; 92.1A: Brand/Silvestris, Kastl; 92.1B: NAS/M. Abbey/Okapia, Frankfurt; 94.1A: Wellinghorst, Quakenbrück; 94.1B: Holl, Großbettlingen; 94.2A: Greiner + Meyer, Braunschweig; 94.2B: Greiner + Meyer, Braunschweig; 95.1A: Umweltschutz Nord GmbH & Co; 95.1B: Umweltschutz Nord GmbH & Co; 95.1C: Umweltschutz Nord GmbH & Co; 97.1: Minkus, Isernhagen; 97.2: XENIELDIA; 97.3: Vock/Okapia, Frankfurt; 97.4: Väth; 98.1: Pelka/Silvestris, Kastl; 98.2: McDonald/Okapia, Frankfurt; 98.3: Dobers, Walsrode; 98.4: Hecker/Silvestris, Kastl; 98.9: Hartl/Okapia, Frankfurt; 98.10: Maier/Silvestris, Kastl; 99.5: Kehrer/Okapia, Frankfurt; 99.6: Höfels/Silvestris, Kastl; 99.7: Schroedel Archiv; 99.8: Vock/Okapia, Frankfurt; 99.11: Pfletschinger/Angermayer, Holzkirchen; 99.12: Sauer/Silvestris, Kastl; 100.1A: Pfletschinger/Tierbildarchiv Angermayer, Holzkirchen; 101.3A: Pfletschinger/Tierbildarchiv Angermayer, Holzkirchen; 101.3B: Pfletschinger/Tierbildarchiv Angermayer, Holzkirchen; 103.1: Hecker/Silvestris, Kastl; 103.2: Pohlner/Okapia, Frankfurt; 103.3: Hecker/Okapia, Frankfurt; 103.4: Schulz/Okapia, Frankfurt; 104.1A: Pfletschinger/Tierbildarchiv Angermayer, Holzkirchen; 104.1B: Silvestris, Kastl; 104.1C: Pfletschinger/Tierbildarchiv Angermayer, Holzkirchen; 104.2A: Pfletschinger/Tierbildarchiv Angermayer, Holzkirchen; 106.1B: Pfletschinger/Angermayer, Holzkirchen; 106.2B: Heitmann/Silvestris, Kastl; 106.3B: Pfletschinger/Angermayer, Holzkirchen; 106.4B: FLPA/Silvestris, Kastl; 108.1: Pfletschinger/Angermayer, Holzkirchen; 108.2: Scheuerecher/Mauritius, Mittenwald; 109.4: Prof. Wanner/Karly, München; 109.7: Prof. Wanner/Karly, München; 110.1A: Okapia, Frankfurt; 110.1B: Reinhard-Tierfoto, Heiligkreuzsteinach; 113.2A: Schroedel Archiv; 113.2A: Konopka, Herne; 114.1: Schroedel Archiv; 114.2A-H: Schroedel Archiv; 117.1: Angermayer, Holzkirchen; 117.2A: Pfletschinger/Angermayer, Holzkirchen; 117.2B: Pfletschinger/Angermayer, Holzkirchen; 117.2C: Pfletschinger/Angermayer, Holzkirchen; 117.2D: Kelner/Okapia, Frankfurt; 118.1A: Fotostok/NFP bv/IFA-Bilderteam, München; 118.1B: Pfletschinger/Angermayer, Holzkirchen; 119.1: Lange/Okapia, Frankfurt; 119.2: Hans Fürst/picture-alliance/Okapia, Frankfurt; 120.1: Tönnies, Laatzen; 120.2A: Biologisches Bundesamt für Land- und Forstwirtschaft, Darmstadt; 120.2B: Beuck, Helvesiek; 121.1: Pfletschinger/Angermayer, Holzkirchen; 121.2: Dr. Bellmann, Lonsee; 121.3: Harstrick/Greiner + Meyer, Braunschweig; 121.4: Pfletschinger/Angermayer, Holzkirchen; 121.5: Schroedel Archiv; 121.6: Pfletschinger/Angermayer, Holzkirchen; 121.7: Pfletschinger/Angermayer, Holzkirchen; 122.1: Dr. Philipp, Berlin; 122.2: Dobers, Walsrode; 122.3: Reinhard/Okapia. Bilder pur, München; 122.4: Dobers, Walsrode; 123.1A: Dr. Bellmann, Lonsee; 123.1B. Dr. Bellmann, Lonsee; 123.1C: Dr. Bellmann, Lonsee; 123.1D: Dr. Bellmann, Lonsee; 123.2: Dobers, Walsrode; 124.1A: Lindenberger/Silvestris, Kastl; 124.1B: Reinhard-Tierfoto, Heiligkreuzsteinach; 124.1C: Hecker/Silvestris, Kastl; 127.3B: Kapp/Silvestris, Kastl; 128.1A: Pfletschinger/Angermayer, Holzkirchen; 128.1B: Tönnies, Laatzen; 128.1C: Rohdich/Silvestris, Kastl; 129.2A: Kunz/Greiner + Meyer, Braunschweig; 129.2B: Bogon/Wildlife, Hamburg; 129.2C: Harms/Wildlife, Hamburg; 129.4: Pfletschinger/Angermayer, Holzkirchen; 129.5: Pfletschinger/Angermayer, Holzkirchen; 130.1: Reinhard-Tierfoto, Heiligkreuzsteinach; 130.3: Hartl/Okapia, Frankfurt; 131.2: Dr. Eckhart Pott/picture-alliance/Okapia, Frankfurt; 131.3: Schulze/Wildlife, Hamburg; 131.4: Heers/Wildlife, Hamburg; 131.5: Reinhard/Okapia, Frankfurt; 133.1A: Wothe/Silvestris, Kastl; 134.1: Soder/Okapia, Frankfurt; 135.3: Ziesler/Angermayer, Holzkirchen; 136.1: Greiner + Meyer, Braunschweig; 136.1A: Vock/Okapia, Frankfurt; 136.1B: Schrempp/Greiner + Meyer, Braunschweig; 136.1C: Dr. Pott/Okapia, Frankfurt; 136.1D: Hanneforth/Silvestris, Kastl; 136.1E: Prenzel/Silvestris, Kastl; 141.1A: Wellinghorst, Quakenbrück; 141.1B: Schroedel Archiv; 141.31: Körnig, Halle; 141.1D: Schacke/Naturbild/Okapia, Frankfurt; 141.1E: Rabisch, Duingen; 141.1F: Schroedel Archiv

Trauermantel

Raupe des
Trauermantels

Salweide

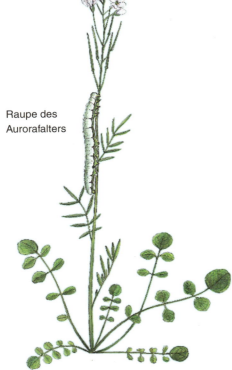

Raupe des
Aurorafalters

Raupe des
Distelfalters

Kratzdistel

Aurorafalter

Wiesenschaumkraut

Raupe des
Tagpfauenauges

Admiral

Tagpfauenauge

Raupe des
Admirals

Brennnessel